全国注册安全工程师（初级）职业资格考试辅导用书

安全生产法律法规
一题一分一考点

全国注册安全工程师（初级）职业资格考试辅导用书编写委员会　编写

中国建筑工业出版社

图书在版编目（CIP）数据

安全生产法律法规一题一分一考点/全国注册安全工程师（初级）职业资格考试辅导用书编写委员会编写. —北京：中国建筑工业出版社，2019.7
全国注册安全工程师（初级）职业资格考试辅导用书
ISBN 978-7-112-23921-4

Ⅰ.①安⋯ Ⅱ.①全⋯ Ⅲ.①安全生产-安全法规-中国-资格考试-自学参考资料 Ⅳ.①D922.54

中国版本图书馆 CIP 数据核字（2019）第 129979 号

本书以新考试大纲为依据，结合权威的考试信息，将考试的各个高频考点高度提炼，力图在同一道题目中充分体现考核要点的关联性和预见性，并以此提高考生的学习效率。

本书的内容包括习近平新时代中国特色社会主义思想有关内容、安全生产法、安全生产单行法律、安全生产相关法律、安全生产行政法规、安全生产部门规章等内容，每一部分均精心设置了可考题目和可考题型，并对每一个考点都进行了详细说明。此外，本书还为考生介绍了考试相关情况说明、备考复习指南、答题方法解读、填涂答题卡技巧及如何学习本书等方面的参考信息，并赠送增值服务。

本书可供参加全国注册安全工程师（初级）职业资格考试的考生学习和参考使用。

责任编辑：曹丹丹　徐仲莉
责任校对：姜小莲

全国注册安全工程师（初级）职业资格考试辅导用书
安全生产法律法规一题一分一考点
全国注册安全工程师（初级）职业资格考试辅导用书编写委员会　编写

*

中国建筑工业出版社出版、发行（北京海淀三里河路9号）
各地新华书店、建筑书店经销
北京佳捷真科技发展有限公司制版
北京君升印刷有限公司印刷

*

开本：787×1092毫米　1/16　印张：12½　字数：302千字
2019年8月第一版　2019年8月第一次印刷
定价：38.00元（含增值服务）
ISBN 978-7-112-23921-4
（34226）

版权所有　翻印必究
如有印装质量问题，可寄本社退换
（邮政编码 100037）

编写委员会

葛新丽　高海静　梁　燕　吕　君
董亚楠　阎秀敏　孙玲玲　张　跃
臧耀帅　何艳艳　王丹丹　徐晓芳

前 言

根据《注册安全工程师职业资格制度规定》，国家设置注册安全工程师准入类职业资格，纳入国家职业资格目录。该规定将注册安全工程师级别设置为高级、中级和初级。为了帮助参加初级注册安全工程师职业资格考试的考生准确地把握考试重点并顺利通过考试，我们组成了编写委员会，以考试大纲为依据，结合权威的考试信息，提炼大纲要求掌握的知识要点，遵循循序渐进、各个击破的原则，精心筛选和提炼，去粗取精，力求突出重点，编写了"全国注册安全工程师（初级）职业资格考试辅导用书"。

本套丛书包括两册，分别是《安全生产法律法规一题一分一考点》和《安全生产实务（建筑施工安全）一题一分一考点》。

本套丛书以专题为单位，按对应知识点进行划分，以一题多选项多解的形式进行呈现。本书的形式打破传统思维，采用归纳总结的方式进行题干与选项的优化设置，将考核要点的关联性充分地体现在同一道题目中，该类题型的设置有利于考生对比区分记忆，可以最大程度地节省考生复习所需的时间和精力。

本套丛书特点主要体现在以下几方面：

1. 全面性。本书选择重要采分点编排考点，尽量一题涵盖所有相关可考知识点。将每一考点所可能会出现的选项都整理呈现，对可能出现的错误选项做详细的说明。让考生完整系统地掌握重要考点。

2. 独创性。本书中一个题目可以代替同类辅导书中的 3~8 个题目，同类辅导书限于篇幅的原因，原本某一考点可能会出 6 个题目，却只编写了 2 个题目，考生学习后未必可以彻底掌握该考点，导致在考场答题时出现见过但不会解答的情况，本书可以解决这个问题。

3. 指导性。鉴于考生复习时间相对较少，为了帮助大家利用有限的时间达到高效复习的目的，本书针对每个考点的不同情形分析了各考点的考核侧重点、难易情况、命题意图、问题的设置方式、问题的陷阱等内容，为考生指明了复习的方向和方法。

4. 关联性。案例分析题部分以考点为核心，并以典型例题列举体现，将例题中涉及的知识点进行详细解析，重点阐释各知识点的潜在联系，明示各种题型组合。

本套丛书是在作者团队的通力合作下完成的，相信我们的努力，一定会帮助考生轻松过关。

为了配合考生备考复习，我们开通了答疑 QQ 群：746523050，配备了专家答疑团队，以便及时解答考生所提的问题。

由于时间仓促，书中难免会存在不足之处，敬请读者批评指正。

考试相关情况说明

一、报考条件

凡遵守中华人民共和国宪法、法律、法规,具有良好的业务素质和道德品行,具备下列条件之一者,可以申请参加初级注册安全工程师职业资格考试:

(1) 具有安全工程及相关专业中专学历,从事安全生产业务满4年;或具有其他专业中专学历,从事安全生产业务满5年。

(2) 具有安全工程及相关专业大学专科学历,从事安全生产业务满2年;或具有其他专业大学专科学历,从事安全生产业务满3年。

(3) 具有大学本科及以上学历,从事安全生产业务。

二、考试科目、时间、题型、试卷分值

考试科目	考试时间	题型	试卷分值
《安全生产法律法规》	2h	主观题	100分
《安全生产实务》	2.5h	主观题、客观题	100分

注:《安全生产实务》科目分为煤矿安全、金属非金属矿山安全、化工安全、金属冶炼安全、建筑施工安全、道路运输安全和其他安全(不包括消防安全),考生在报名时可根据实际工作需要选择其一。

三、考试成绩管理

初级注册安全工程师职业资格考试成绩实行两年为一个周期的滚动管理办法,参加考试人员必须在连续的两个考试年度内通过全部科目,方可取得初级注册安全工程师职业资格证书。

四、合格证书

初级注册安全工程师职业资格考试合格者,由各省、自治区、直辖市人力资源社会保障部门颁发注册安全工程师(初级)职业资格证书。该证书由各省、自治区、直辖市应急管理、人力资源社会保障部门共同用印,原则上在所在行政区域内有效。各地可根据实际情况制定跨区域认可办法。

五、注册

国家对注册安全工程师职业资格实行执业注册管理制度,按照专业类别进行注册。取得注册安全工程师职业资格证书的人员,经注册后方可以注册安全工程师名义执业。

申请注册的人员,必须同时具备下列基本条件:

(1) 取得注册安全工程师职业资格证书;

(2) 遵纪守法,恪守职业道德;

(3) 受聘于生产经营单位安全生产管理、安全工程技术类岗位或安全生产专业服务机构从事安全生产专业服务;

(4) 具有完全民事行为能力,年龄不超过70周岁。

六、执业

注册安全工程师在执业活动中，必须遵纪守法，恪守职业道德和从业规范，诚信执业，主动接受有关主管部门的监督检查，加强行业自律。

注册安全工程师不得同时受聘于两个或两个以上单位执业，不得允许他人以本人名义执业，不得出租出借证书。违反上述规定的，由发证机构撤销其注册证书，五年内不予重新注册；构成犯罪的，依法追究刑事责任。

注册安全工程师的执业范围包括：安全生产管理；安全生产技术；生产安全事故调查与分析；安全评估评价、咨询、论证、检测、检验、教育、培训及其他安全生产专业服务。

备考复习指南

关于初级注册安全工程师职业资格考试备考,很多考生都或多或少存在一些疑虑,也容易走弯路,在这里给大家准备了复习方法。

1. 制订学习计划——我们发现,有些考生尽管珍惜分分秒秒,但学习效果却不理想;有些考生学习时间似乎并不多,却记得牢,不易忘记。俗话说,学习贵有方,复习应有法。后者就是能在学习前制订学习计划,并能遵循学习规律,科学地组织复习。

2. 化整为零,各个击破——切忌集中搞"歼灭"战,要化整为零,各个击破,应分配在几段时间内,如几天、几周内,分段去完成任务。

3. 突击重要考点——考生要注意抓住重点进行复习。每门课程都有其必考知识点,这些知识点在每年的试卷上都会出现,只不过是命题形式不同罢了,可谓万变不离其宗。对于重要的知识点,考生一定要深刻把握,要能够举一反三,做到以不变应万变。

4. 通过习题练习巩固已掌握的知识——找一本好的复习资料进行巩固练习,好的资料应该按照考试大纲和指定教材的内容,以考题的形式进行归纳整理,并附有一定参考价值的练习习题,但复习资料不宜过多,选一两本就行,多了容易分散精力,反而不利于复习。

5. 实战模拟——建议考生找三套模拟试题,一套在通读教材后做,找到薄弱环节,在突击重要考点时作为参考;一套在考试前一个月做,判断一下自己的水平,针对个别未掌握的内容有针对性地去学习;一套在考试前一周做,按规定的考试时间来完成,掌握答题的速度,体验考场的感觉。

6. 胸有成竹,步入考场——进入考场后,排除一切杂念,尽量使自己很快地平静下来。试卷发下来以后,要听从监考老师的指令,填好姓名、准考证号和科目代码,涂好准考证号和科目代码等,紧接着就安心答题。

7. 通过考试,领取证书——考生按上述方法备考,一定可以通过考试。

答题方法解读

1.单项选择题答题方法：单项选择题每题1分，由题干和4个备选项组成，备选项中只有1个最符合题意，其余3个都是干扰项。如果选择正确，则得1分，否则不得分。单项选择题大部分来自考试用书中的基本概念、原理和方法，一般比较简单。如果考生对试题内容比较熟悉，可以直接从备选项中选出正确项，以节约时间。当无法直接选出正确选项时，可采用逻辑推理的方法进行判断选出正确选项，也可通过逐个排除不正确的干扰选项，最后选出正确选项。通过排除法仍不能确定正确项时，可以凭感觉进行猜测。当然，排除的备选项越多，猜中的概率就越大。单项选择题一定要作答，不要空缺。单项选择题必须保证正确率在75%以上，实际上这一要求并不是很高。

2.多项选择题答题方法：多项选择题每题2分，由题干和5个备选项组成，备选项中至少有2个、最多有4个最符合题意，至少有1个是干扰项。因此，正确选项可能是2个、3个或4个。如果全部选择正确，则得2分；只要有1个备选项选择错误，则该题不得分。如果所选答案中没有错误选项，但未全部选出正确选项时，选择的每1个选项得0.5分。多项选择题的作答有一定难度，考生考试成绩的高低及能否通过考试科目，在很大程度上取决于多项选择题的得分。考生在作答多项选择题时，要首先选择有把握的正确选项，对没有把握的备选项最好不选，宁缺毋滥，除非有绝对选择正确的把握，最好不要选4个答案。当对所有备选项均没有把握时，可以采用猜测法选择1个备选项，得0.5分总比不得分强。多项选择题中至少应该有30%的题考生是可以完全正确选择的，这就是说可以得到多项选择题的30%的分值，如果其他70%的多项选择题，每题选择2个正确答案，那么考生又可以得到多项选择题的35%的分值，这样就可以稳妥地过关。

3.主观题答题方法：考核主观题的目的是综合考查考生对有关的基本内容、基本概念、基本原理、基本原则和基本方法的掌握程度以及检验考生灵活应用所学知识解决工作实际问题的能力。具体的答题技巧如下：

(1)审题。迅速查看题中所问，初步判断考查方向，带着问题去看背景资料，建议阅读两遍。厘清背景材料中的各种关系和相关条件，根据问题的设置来确定考查的具体知识。

(2)析题。首先要确定案例内容涉及的知识点；其次要看清楚题型，抓重点；最后全面考虑问题，厘清思路。

(3)答题。看清楚问题的内容，充分利用背景资料中的条件，确定解答该问题所需运用的知识内容，问什么答什么，不要画蛇添足。

填涂答题卡技巧

考生在标准化考试中最容易出现的问题是填涂不规范，以致在机器阅读答题卡时产生误差。解决这类问题的最简单方法是将铅笔削好，铅笔不要削得太细太尖，应削磨成马蹄状或直接削成方形，这样，一个答案信息点最多涂两笔就可以涂好，既快又标准。

进入考场拿到答题卡后，不要忙于答题，而应在监考老师的统一组织下将答题卡表头中的个人信息、考场考号、科目信息按要求进行填涂，即用蓝色或黑色钢笔、签字笔填写姓名和准考证号，用2B铅笔涂黑考试科目和准考证号。不要漏涂、错涂考试科目和准考证号。

在填涂选择题时，考生可根据自己的习惯选择下列方法进行：

先答后涂法——考生拿到试题后，先审题，并将自己认为正确的答案轻轻标记在试卷相应的题号旁，或直接在自己认为正确的备选项上做标记。待全部题目做完，经反复检查确认不再改动后，将各题答案移植到答题卡上。采用这种方法时，需要在最后留有充足的时间，以免移植时间不够。

边答边涂法——考生拿到试题后，一边审题，一边在答题卡相应位置上填涂，边答边涂，齐头并进。采用这种方法时，一旦要改变答案，需要特别注意将原来的选择记号用橡皮擦干净。

边答边记加重法——考生拿到试题后，一边审题，一边将所选择的答案用铅笔在答题卡相应位置上轻轻记录，待审定确认不再改动后，再加重涂黑。需要在最后留有充足的时间进行加重涂黑。

本书的特点与如何学习本书

本书作者专职从事考前培训、辅导用书编写等工作，他们有一套科学独特的学习模式，为考生提供考前名师会诊，帮助考生制订学习计划、圈画考试重点、厘清复习脉络、分析考试动态、把握命题趋势，为考生提示答题技巧、解答疑难问题、提供预测押题。

本套丛书把出题方式、出题点、采分点都做了归类整理。作者通过翻阅大量的资料，把一些重点难点的知识以通俗易懂的方式呈现给出来。

本套丛书主要是在分析相关考试命题规律基础上，启发考生复习备考的思路，引导考生应该着重对哪些内容进行学习。这部分内容主要是对考试大纲的细化。根据考试大纲的要求，提炼考点，每个考点的试题均根据考试大纲考点分布的规律去编写。

本套丛书旨在帮助考生提炼考试考点，以节省考生时间，达到事半功倍的复习效果。书中提炼了考生应知应会的重点内容，指出了经常涉及的考点以及应掌握的程度。本书是从考生的角度进行学以致考的经典问题汇编，对广大考生具有很强的借鉴作用。

本套丛书既能使考生全面、系统、彻底地解决在学习中存在的问题，又能让考生准确地把握考试的方向。本书的作者旨在将多年积累的应试辅导经验传授给考生，对辅导教材中的每一部分都做了详尽的讲解，辅导教材中的问题都能在书中解决，完全适用于自学。

一、本书为什么采取这种体例来编写？

（1）为了不同于市场上的同类书，别具一格。市场上的同类书总结一下有这么几种：一是几套真题＋几套模拟试卷；二是对教材知识的精编；三是知识点＋历年真题＋练习题。同质性很严重，本书将市场上的这三种体例融合到一起，创造一种市场上从未有过的编写体例。

（2）为了让读者完整系统地掌握重要考点。本书选择高频采分点编排考点，尽量一题涵盖所有相关可考知识点。可以说学会本书内容，不仅可以过关，还可能会得到高分。

（3）为了让读者掌握所有可能出现的题目。本书将每一考点所有可能出现的题目都一一列举。这样做有助于考生更全面地、多角度地精准记忆，从而提高复习效率。

（4）为了让读者既掌握正确答案的选择方法，又会区分干扰项答案。本书不但将每一题目所有可能出现的正确选项一一列举，而且还将所有可能作为干扰答案的选项一一列举。本书中1个题目可以代替其他辅导书中的3~8个题目，其他辅导书限于篇幅的原因，原本某一考点可能会出6个题目，却只编写了2个题目，考生学习后未必能全部掌握该考点，造成在考场上答题时觉得见过但不会解答的情况，本书可以解决这个问题。

（5）为了让读者掌握安全生产实务案例分析中所涉及的重点内容，我们针对每个考点精心设置了典型例题，将考核要点的关联性充分地体现在同一道题目当中，对每个考点设置的案例提供了参考答案，并逐一对问题涉及的考点进行详细讲解，还对该考点的考核形式进行小结，考生通过认真学习，不仅能获得准确答案，而且能掌握不同的解题思路，为考前训练打下良好基础。

二、本书的内容是如何安排的？

（1）针对题干的设置。本书在设置每一考点的题干时，看似只是对一个考点的提问，其实不然，部分题干中也可以独立成题。

（2）针对选项的设置。本书中的每一个题目，不仅把所有正确选项和错误选项一一列举，而且还把可能会设置为错误选项的题干也做了全面的总结，体现在该题中。

（3）多角度问答。【细说考点】中会将相关考点以多角度问答方式进行充分的提问与表达，旨在帮助考生灵活应对较为多样的考核形式，可以做到以一题敌多题。

（4）针对可以作为互为干扰项的内容，本书将涉及原则、方法、依据等容易作为互为干扰项的知识分类整理到一个考点中，因为这些考点在考题中通常会互为干扰项出现。

（5）针对计算型的选择题，本书不仅将正确答案的计算过程详细列出，而且还会告诉考生选择了错误选项的错误做法。有些计算题可能有几种不同的计算方法，我们都会一一介绍。

（6）针对很难理解的内容，我们总结了一套易于接受的直接应对解答习题的方法来引导考生。

（7）针对容易混淆的内容，我们将容易混淆的知识点整理归纳在一起，指出哪些细节容易混淆及该如何清晰辨别。

（8）针对安全生产实务案例分析部分：

①考点按照重要知识点进行设置。

②以案例分析题展开详解。本书中的每一个题目，我们会告诉考生需要掌握哪些内容，并对重点内容进行详细讲解，还把这个考点所涉及的考核形式进行了总结，都体现在该题中。

三、考生如何学习本书？

本书是以题的形式体现必考点、常考点，因为考生的目的是通过学习知识在考场上解答考题而通过考试。具体在每一专题设置了以下两个板块：【可考题目与题型】【细说考点】。

下面说一下如何来学习本书：

（一）如何学习【可考题目与题型】？

（1）该部分是将每专题内容划分为若干个常考的考点作为单元来讲解的。这些考点必须要掌握，只要把这些考点掌握了，通过考试是没有问题的。尤其是对那些没有大量时间学习的考生更适用。

（2）每一考点下以一题多选项多解的形式进行呈现。这样可以将本考点下所有可能出现的知识点一网打尽，不需要考生再多做习题。

（3）题目的题干是综合了考试题目的叙述方法总结而成，具有代表性。题干中既包含本题所需要解答的问题，又包括本考点下可能以单项选择题出现的知识点。虽然看上去都是以多项选择题的形式出现的，但是单项选择题的采分点也包括在本题题干中了。部分题干的第一句话就是单项选择题的采分点。

（4）每一道题目的选项不仅将该题所有可能会出现的正确选项都进行整理、总结、一一呈现，而且还将可能会作为干扰选项的都详细整理呈现（这些干扰选项也是其他考点的正确选项，会在【细说考点】中详细解释），只要考生掌握了这个题目，不论怎么命题都不会超出这个范围。

（5）部分题目的正确选项和错误选项整理在一起，有助于考生总结一些规律来记忆，本书在【细说考点】中为考生总结了规律。考生可以根据自己总结的规律学习，也可以根据我们总结的规律来学习。

(6) 针对安全生产实务案例分析部分：

①每一考点下以一题多提问的形式进行呈现，这样可以将本考点所涉及的知识点进行系统学习，不需要考生再多做习题。

②每一考点下设置的案例分析题都是具有代表性的题目，每个题目下的问题都是一个典型知识点，这些知识点都是考生要掌握的内容，考生学习完一个题目就知道该考点的重点包括哪些内容。

③每一道题目所涉及的知识点我们都对其进行都整理总结，而且还将该考点的考核形式、命题方式、分析内容等在【细说考点】里说明，只要考生掌握了这类题目，不论怎么命题，对于类似题目答起来都会得心应手。

(二) 如何学习【细说考点】？

(1) 提示考生在这一考点下有哪些采分点，并对采分点的内容进行了总结和归类，有助于考生对比学习，这些内容一定要掌握。

(2) 提示考生哪些内容不会作为考试题目出现，不需要考生去学习，本书也不会讲解这方面的知识，以减轻考生的学习负担。

(3) 提示本题的干扰项会从哪些考点的知识中选择，考生应该根据这些选项总结出如何区分正确与否的方法。

(4) 把本章各节或不同章节具有相关性（比如依据、原则、方法等）的考点归类在某一考点下，给考生很直观的对比和区分。因为考试时，这些相关性的考点都是互相作为干扰选项而出现的。本书还将与本题具有相关性的考点分别编写了一个题目供考生对比学习。

(5) 对本考点总结一些学习方法、记忆规律、命题规律，这些都是给考生以方法上的指导。

(6) 提示考生除了掌握本题之外，还需要掌握哪些知识点，本书不会遗漏任何一个可考知识点。本书通过表格、图形的方式归纳可考知识点，这样会给考生很直观的学习思路。

(7) 提示考生某一考点在命题时会有几种题型出现，而不管以哪种题型出现，解决问题的知识点是不会改变的，考生一定要掌握正面和反面出题的解题思路。

(8) 提示考生对易混淆的概念如何判断其说法是否正确。

(9) 把某一题型所有可设置的正确选项做详细而易于掌握、记忆的总结，就是把所有可能作为选项的知识通过通俗易懂的理论进行阐述，考生可根据该理论轻松确定选项是否正确。

(10) 有些题目只列出了正确选项，把可能会出现的错误选项在【细说考点】中总结归纳，这样安排是为了避免考生在学习过程中混淆。此种安排只针对那些容易混淆的知识而设置。

(11) 有些计算题在本书中总结了几种不同的解题方法，考生可根据自己的喜好选择一种方法学习，没有必要几种方法都掌握。

(12) 对于安全生产实务案例分析部分，会把某些题目下所涉及的要点分析总结在某一考点下，帮助考生能进行系统的学习。

四、本书可以提供哪些增值服务？

序号	增值项目	说明
1	学习计划	专职助教为每位考生合理规划学习时间，制订学习计划，提供备考指导
2	复习方法	专职助教针对每位考生学习情况，提供复习方法
3	知识导图	免费为每位考生提供各科目的知识导图
4	重、难知识点归纳	专职助教把所有重点、难点归纳总结，剖析考试精要
5	难点解题技巧	对于计算题，难度大的、典型的案例分析题可采用微信公众号获取详细解题过程，学习解题思路
6	轻松备考	通过微信公众号获得考试资讯、行业动态、应试技巧、权威老师重点内容讲解及必刷题，可随时随地学习
7	5页纸	考前一周免费为考生提供浓缩知识点
8	两套预测试卷	在考前2周免费为考生提供两套预测试卷，作为考试前冲刺
9	免费答疑	通过QQ或微信在线为每位考生解答疑难问题，解决学习过程中的疑惑

目 录

考试相关情况说明
备考复习指南
答题方法解读
填涂答题卡技巧
本书的特点与如何学习本书

专题一 习近平新时代中国特色社会主义思想有关内容 …………………………………… 1
  考点 1 安全生产工作的新要求 ………………………………………………………………… 1
  考点 2 党的十九大对安全生产的部署要求 …………………………………………………… 1
  考点 3 关于推进安全生产领域改革发展的意见 ……………………………………………… 2
  考点 4 安全生产"十三五"规划的规划目标 ………………………………………………… 3

专题二 《安全生产法》 …………………………………………………………………………… 5
  考点 1 生产经营单位的主要负责人、安全生产管理机构以及安全生产管理人员对本
          单位安全生产工作负有的职责 ……………………………………………………… 5
  考点 2 安全生产管理机构和安全生产管理人员的配置 …………………………………… 6
  考点 3 重大危险源管理的规定 ………………………………………………………………… 7
  考点 4 生产设施、场所安全距离和紧急疏散的规定 ……………………………………… 7
  考点 5 生产经营单位的安全生产保障 ……………………………………………………… 8
  考点 6 从业人员的安全生产权利义务 ……………………………………………………… 11
  考点 7 负有安全生产监督管理职责的部门依法监督检查时行使的职权 ………………… 13
  考点 8 安全生产监督检查人员依法履行职责的要求 ……………………………………… 14
  考点 9 安全生产监督管理的相关规定 ……………………………………………………… 14
  考点 10 生产安全事故的应急救援与调查处理 ……………………………………………… 15
  考点 11 生产经营单位的主要负责人未履行安全生产管理职责的处罚 ………………… 16
  考点 12 生产经营单位的安全生产违法行为 ………………………………………………… 17
  考点 13 安全生产中介机构的违法行为 ……………………………………………………… 19

专题三 《矿山安全法》 ………………………………………………………………………… 20
  考点 1 矿山建设的安全保障 ………………………………………………………………… 20
  考点 2 矿山开采的安全保障 ………………………………………………………………… 21
  考点 3 矿山企业的安全管理规定 …………………………………………………………… 22
  考点 4 矿山企业的法律责任 ………………………………………………………………… 23

专题四 《消防法》 ……………………………………………………………………………… 25
  考点 1 建设工程的消防安全 ………………………………………………………………… 25
  考点 2 公众聚集场所和大型群众性活动的消防安全 ……………………………………… 26

考点 3	消防安全重点单位的安全管理	26
考点 4	消防组织的规定	27
考点 5	灭火救援的规定	28
考点 6	违反《消防法》的法律责任	30

专题五 《道路交通安全法》 32

考点 1	机动车、非机动车	32
考点 2	机动车驾驶人	33
考点 3	道路通行条件	34
考点 4	道路通行一般规定	35
考点 5	机动车通行规定	36
考点 6	车辆通行的车速限制	37
考点 7	高速公路的特别规定	38
考点 8	特殊车辆的行驶限制	38
考点 9	机动车发生交通事故造成人身伤亡、财产损失的赔偿责任	39
考点 10	交通事故处理	39
考点 11	违反《道路交通安全法》的法律责任	40

专题六 《特种设备安全法》 42

考点 1	特种设备生产、经营、使用的一般规定	42
考点 2	特种设备生产安全的规定	42
考点 3	特种设备经营安全的规定	44
考点 4	特种设备使用安全的规定	45
考点 5	特种设备检验、检测的规定	46
考点 6	特种设备安全监察部门的职责	47
考点 7	特种设备监察执法的规定	48
考点 8	特种设备的事故应急救援与调查处理规定	49
考点 9	特种设备安全违法行为应负的法律责任	49

专题七 《刑法》和《最高人民法院、最高人民检察院关于办理危害生产安全刑事案件适用法律若干问题的解释》 52

| 考点 | 生产经营单位及其有关人员犯罪及其刑事责任 | 52 |

专题八 《劳动法》 54

考点 1	劳动安全卫生的规定	54
考点 2	女职工和未成年工的特殊保护	54
考点 3	社会保险和福利	56
考点 4	劳动安全卫生监督检查	57
考点 5	用人单位违反《劳动法》的法律责任	57

专题九 《劳动合同法》 59

| 考点 1 | 劳动合同的订立 | 59 |

考点2　劳动合同的内容 ··· 60
　　考点3　劳动合同的试用期 ··· 60
　　考点4　服务期与竞业限制 ··· 61
　　考点5　劳动合同的履行和变更 ·· 62
　　考点6　劳动者解除劳动合同 ··· 62
　　考点7　用人单位解除劳动合同 ·· 63
　　考点8　劳动合同的监督检查 ··· 65
　　考点9　违反《劳动合同法》的法律责任 ·· 65

专题十　《职业病防治法》 ··· 67
　　考点1　工作场所的职业卫生要求 ·· 67
　　考点2　职业病的前期预防 ··· 67
　　考点3　用人单位的职业病防治措施、防护设施和用品 ···················· 69
　　考点4　职业危害公告和警示 ··· 69
　　考点5　职业病危害因素的监测、检测、评价及治理 ······················· 70
　　考点6　向用人单位提供可能产生职业危害的设备、化学原料及放射性物质的要求 ····· 71
　　考点7　劳动合同的职业病危害内容 ··· 72
　　考点8　职业卫生培训要求与职业健康检查制度 ······························ 73
　　考点9　职业健康监护档案与急性职业病危害事故 ··························· 74
　　考点10　劳动者享有的职业卫生保护权利 ······································ 75
　　考点11　职业病诊断 ·· 75
　　考点12　职业病病人保障 ·· 77
　　考点13　违反《职业病防治法》的法律责任 ·································· 78

专题十一　《突发事件应对法》 ··· 79
　　考点1　应急预案体系与内容 ··· 79
　　考点2　单位预防与应对突发事件的义务 ······································· 80
　　考点3　应急能力建设 ·· 80
　　考点4　应急处置措施 ·· 81
　　考点5　应急救援 ·· 82
　　考点6　违反《突发事件应对法》的行为及应负的法律责任 ············ 83

专题十二　《安全生产许可证条例》 ·· 85
　　考点1　取得安全生产许可证的条件 ··· 85
　　考点2　安全生产许可证的适用、申请、受理及有效期 ·················· 86
　　考点3　安全生产许可证的监督与管理 ··· 87
　　考点4　安全生产许可违法行为应负的法律责任 ···························· 88

专题十三　《生产安全事故应急条例》 ·· 90
　　考点1　生产安全事故应急救援预案的公布与修订 ·························· 90
　　考点2　生产安全事故应急救援预案演练 ······································ 91

考点3　应急救援队伍的建立 ………………………………………………… 91
   考点4　应急准备的监督管理及制度 ………………………………………… 92
   考点5　应急救援措施 ………………………………………………………… 93
   考点6　应急救援的启动、指挥 ……………………………………………… 94

专题十四　《生产安全事故报告和调查处理条例》 …………………………… 95
   考点1　生产安全事故分级 …………………………………………………… 95
   考点2　事故报告程序 ………………………………………………………… 96
   考点3　事故报告与事故调查报告的内容 …………………………………… 98
   考点4　事故调查主体 ………………………………………………………… 98
   考点5　事故调查组 …………………………………………………………… 99
   考点6　事故处理 ……………………………………………………………… 100
   考点7　违反《生产安全事故报告和调查处理条例》的行为及应负的法律责任 …… 101

专题十五　《工伤保险条例》 ………………………………………………………… 103
   考点1　工伤保险基金的缴纳及使用 ………………………………………… 103
   考点2　工伤保险范围 ………………………………………………………… 104
   考点3　工伤的认定 …………………………………………………………… 105
   考点4　劳动能力鉴定 ………………………………………………………… 106
   考点5　工伤医疗补偿及停薪期间福利与护理费 …………………………… 108
   考点6　伤残等级及其待遇 …………………………………………………… 109
   考点7　工伤保险的监督管理 ………………………………………………… 110
   考点8　违反《工伤保险条例》的行为及应负的法律责任 ………………… 111

专题十六　《煤矿安全监察条例》 …………………………………………………… 113
   考点1　煤矿安全监察员的职权 ……………………………………………… 113
   考点2　煤矿安全监察内容 …………………………………………………… 113
   考点3　煤矿安全监察机构的权限 …………………………………………… 114
   考点4　煤矿安全违法行为及应负的法律责任 ……………………………… 115

专题十七　《国务院关于预防煤矿生产安全事故的特别规定》 ……………… 117
   考点1　煤矿的重大安全生产隐患和行为 …………………………………… 117
   考点2　依法取得煤矿有关证照 ……………………………………………… 118
   考点3　关于时限的考核 ……………………………………………………… 118
   考点4　非法煤矿的关闭 ……………………………………………………… 119

专题十八　《建设工程安全生产管理条例》 ………………………………………… 121
   考点1　建设单位的安全责任 ………………………………………………… 121
   考点2　勘察、设计及工程监理单位的安全责任 …………………………… 122
   考点3　施工单位的安全责任 ………………………………………………… 123
   考点4　生产安全事故的应急救援和调查处理 ……………………………… 124
   考点5　违反《建设工程安全生产管理条例》的行为及应负的法律责任 …… 125

专题十九 《危险化学品安全管理条例》 126
- 考点1 危险化学品监督管理部门的职责 126
- 考点2 危险化学品安全监督管理部门的监督检查权 127
- 考点3 危险化学品生产装置和储存设施的选址 127
- 考点4 危险化学品生产、储存安全管理 128
- 考点5 危险化学品使用的安全管理 129
- 考点6 危险化学品经营的安全管理 130
- 考点7 道路运输安全管理 131

专题二十 《烟花爆竹安全管理条例》 133
- 考点1 企业生产、批发、零售烟花爆竹的条件 133
- 考点2 烟花爆竹的生产安全管理 134
- 考点3 烟花爆竹经营安全管理 135
- 考点4 烟花爆竹运输安全管理 136
- 考点5 烟花爆竹的燃放安全管理 136
- 考点6 烟花爆竹安全违法行为及应负的法律责任 137

专题二十一 《民用爆炸物品安全管理条例》 139
- 考点1 民用爆炸物品购买、销售的安全管理 139
- 考点2 民用爆炸物品爆破作业的安全管理 140
- 考点3 民用爆炸物品储存的安全管理 141
- 考点4 民用爆炸物品安全管理违法行为及应负的法律责任 142

专题二十二 《特种设备安全监察条例》 144
- 考点1 《特种设备安全监察条例》的适用范围 144
- 考点2 特种设备的生产安全 144
- 考点3 特种设备的使用安全 145
- 考点4 特种设备检验检测的安全管理 146
- 考点5 特种设备的事故预防和调查处理 147

专题二十三 《大型群众性活动安全管理条例》 149
- 考点1 大型群众性活动的安全责任 149
- 考点2 大型群众性活动的安全管理 149
- 考点3 大型群众性活动的安全许可 150
- 考点4 违反《大型群众性活动安全管理条例》的行为及应负的法律责任 151

专题二十四 《注册安全工程师分类管理办法》及相关制度文件 152
- 考点1 注册安全工程师分类管理 152
- 考点2 注册安全工程师的权利和义务 152

专题二十五 《生产经营单位安全培训规定》 154
- 考点1 主要负责人、安全生产管理人员的安全培训要求 154
- 考点2 主要负责人与安全生产管理人员安全培训的内容 154

  考点3 其他从业人员的安全培训 ·· 155
  考点4 安全培训的组织实施 ·· 156
  考点5 安全培训的监督管理 ·· 157
  考点6 违反《生产经营单位安全培训规定》的行为及应负的法律责任 ········· 157

专题二十六 《安全生产事故隐患排查治理暂行规定》 ······················· 159
  考点1 生产经营单位事故隐患排查治理职责 ···························· 159
  考点2 重大事故隐患报告与事故隐患的治理 ···························· 159
  考点3 重大事故隐患治理的监督管理 ···································· 160
  考点4 事故隐患排查治理中的紧急处置 ·································· 161

专题二十七 《生产安全事故应急预案管理办法》 ······························ 162
  考点1 应急预案的编制 ·· 162
  考点2 应急预案的评审与发布 ·· 163
  考点3 应急预案的备案 ·· 163
  考点4 应急预案的教育培训和演练 ······································ 164

专题二十八 《生产安全事故信息报告和处置办法》 ··························· 166
  考点1 事故信息的报告 ·· 166
  考点2 事故信息的处置 ·· 167

专题二十九 《特种作业人员安全技术培训考核管理规定》 ···················· 168
  考点1 特种作业人员的安全技术培训 ···································· 168
  考点2 特种作业人员的考核发证 ·· 169
  考点3 特种作业操作证的复审 ·· 170

专题三十 重大生产安全事故隐患判定标准 ································· 171
  考点1 煤矿重大生产安全事故隐患判定标准 ···························· 171
  考点2 金属非金属矿山重大生产安全事故隐患判定标准 ················· 172
  考点3 化工和危险化学品生产经营单位重大生产安全事故隐患判定标准 ··· 173
  考点4 烟花爆竹生产经营单位重大生产安全事故隐患判定标准 ··········· 173
  考点5 工贸行业的专项类重大事故隐患判定标准 ······················· 174
  考点6 工贸行业的行业类重大事故隐患判定标准 ······················· 175

专题三十一 《淘汰落后安全技术工艺、设备目录》 ·························· 177
  考点 淘汰落后安全技术工艺、设备目录 ································ 177

专题三十二 《建设工程消防监督管理规定》 ································· 178
  考点1 人员密集场所的消防设计审核和消防验收 ······················· 178
  考点2 特殊建设工程的消防设计审核和消防验收 ······················· 179

专题一
习近平新时代中国特色社会主义思想有关内容

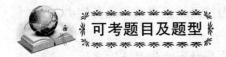

考点1　安全生产工作的新要求

（题干）新时代新征程对安全生产工作的新要求包括（ABCDE）。
A. 从治标为主向标本兼治、重在治本转变
B. 从事后调查处理向事前预防、源头治理转变
C. 从行政手段为主向依法治理转变
D. 从单一安全监管向综合治理转变
E. 从传统监管方式向运用信息化、数字化、智能化等现代方式转变

细说考点

1. 基于上述备选项，本考点还可能考核的题目有：

（1）当前我国安全生产形势虽有很大改善，但突发性、复杂性仍然突出，把握性、可控性仍然不强，这就要求安全生产工作必须（A）。

（2）严格安全生产市场准入，全面排查管控安全风险，这体现了安全生产工作（B）的要求。

（3）当前安全生产工作仍然主要依靠审批、核准、检查、督查等行政手段，与全面依法治国、全面依法行政的要求不相适应，这就要求安全生产工作必须（C）。

（4）运用法律、行政、经济、市场等手段，落实人防、技防、物防措施，实现安全生产共建共治共享，这体现的是安全生产工作要（D）。

（5）安全监管监察工作必须主动顺应发展趋势，积极运用互联网、大数据等新技术，这体现的是安全生产工作要（E）。

2. 本考点还可能将上述（1）～（4）题目换一个方式来考核，比如：安全生产工作要从治标为主向标本兼治、重在治本转变，这是由于（　　）。

考点2　党的十九大对安全生产的部署要求

（题干）党的十九大对安全生产的部署要求之一要大力推进全面从严治党向纵深发展，这就需要（A）。

A. 强化责任落实　　　　　　　　B. 强化学习本领

1

C. 强化依法治理   D. 强化改革创新

E. 强化综合治理   F. 强化基础建设

细说考点

1. 基于上述备选项，本考点还可能考核的题目有：

（1）党的十九大对安全生产的部署要求之一要努力提高政治素质和业务能力，这就需要（B）。

（2）党的十九大对安全生产的部署要求之一要全面提升安全生产法治水平，这就需要（C）。

（3）党的十九大对安全生产的部署要求之一要统筹推动安全生产领域改革发展，这就需要（D）。

（4）党的十九大对安全生产的部署要求之一要不断提高安全生产防控能力，这就需要（E）。

（5）党的十九大对安全生产的部署要求之一要努力构建安全生产长效机制，这就需要（F）。

2. 本考点下，还可能会考核一个多项选择题，题干是这样的：党的十九大对安全生产的部署要求主要是（　　）。该题的正确答案就是上述 6 个题目的内容，在这里给考生列举一个：A. 强化责任落实，大力推进全面从严治党向纵深发展。其他几个选项考生自己列举一下。

3. 考生还需要掌握一下"四个意识"具体是指哪四个。

考点3　关于推进安全生产领域改革发展的意见

（题干）《中共中央国务院关于推进安全生产领域改革发展的意见》提出，安全生产的基本原则是（ABCDE）。

A. 坚持安全发展   B. 坚持改革创新

C. 坚持依法监管   D. 坚持源头防范

E. 坚持系统治理

细说考点

1. 基于上述备选项，本考点还可能考核的题目有：

（1）《中共中央国务院关于推进安全生产领域改革发展的意见》提出，贯彻以人民为中心的发展思想，始终把人的生命安全放在首位，正确处理安全与发展的关系，大力实施安全发展战略，这体现的是安全生产的（A）基本原则。

（2）增强企业内生动力，激发全社会创新活力，破解安全生产难题，推动安全生产与经济社会协调发展，是《中共中央国务院关于推进安全生产领域改革发展的意见》提出的安全生产的（B）基本原则的具体要求。

（3）《中共中央国务院关于推进安全生产领域改革发展的意见》提出，大力弘扬社会主义法治精神，运用法治思维和法治方式，深化安全生产监管执法体制改革，完善安全生产法律法规和标准体系，严格规范公正文明执法，增强监管执法效能，提高安全生产法治化水平，这体现的是安全生产的（C）基本原则。

（4）严格安全生产市场准入，经济社会发展要以安全为前提，这体现的是《中共中央国务院关于推进安全生产领域改革发展的意见》中（D）基本原则。

（5）综合运用法律、行政、经济、市场等手段，落实人防、技防、物防措施，提升全社会安全生产治理能力，是《中共中央国务院关于推进安全生产领域改革发展的意见》中（E）基本原则。

2.《中共中央国务院关于推进安全生产领域改革发展的意见》提出的安全生产的基本原则之一是坚持改革创新，要不断推进安全生产的（理论创新、制度创新、体制机制创新、科技创新和文化创新）。考生要注意这几个具体的创新理论，可以作为一个多项选择题来考核。

考点4 安全生产"十三五"规划的规划目标

（题干） 安全生产"十三五"规划指出了具体安全生产指标，其中，2020年末较2015年末生产安全事故起数下降的幅度指标为（B）。

A. 6% B. 10%
C. 15% D. 19%
E. 20% F. 22%
G. 30%

细说考点

1. 基于上述备选项，本考点还可能考核的题目有：

（1）安全生产"十三五"规划指出的2020年末较2015年末生产安全事故死亡人数下降的幅度指标为（B）。

（2）安全生产"十三五"规划对安全生产指标指出了具体要求，其中，2020年末较2015年末重特大事故起数下降的幅度指标为（E）。

（3）安全生产"十三五"规划指出，重特大事故死亡人数2020年末较2015年末的下降的幅度指标为（F）。

（4）安全生产"十三五"规划提出的亿元国内生产总值生产安全事故死亡率指标的下降幅度为2020年末较2015年末下降（G）。

（5）安全生产"十三五"规划提出的规划目标是到2020年安全生产总体水平与全面建成小康社会目标相适应，其中，工矿商贸就业人员十万人生产安全事故死亡率在 2020 年末较 2015 年末的下降的幅度指标为 (D)。

(6) 安全生产"十三五"规划指出，煤矿百万吨死亡率的安全生产指标 2020 年末较 2015 年末下降 (C)。

(7) 安全生产"十三五"规划中的安全生产指标之一是营运车辆万车死亡率，该指标 2020 年末较 2015 年末要下降 (A)。

(8) 安全生产"十三五"规划提出了安全生产指标 2020 年末较 2015 年末下降的幅度，其中，万台特种设备死亡人数指标的下降幅度为 (E)。

2. 本考点以上 9 个题目的题干分别采用了可能出现的不同的叙述方式，考生要了解一下。

3. 在本考点中，考生一定要把安全生产指标与下降幅度一一对应。

专题二
《安全生产法》

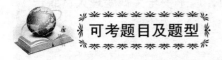可考题目及题型

考点 1 生产经营单位的主要负责人、安全生产管理机构以及安全生产管理人员对本单位安全生产工作负有的职责

（题干）根据《安全生产法》，生产经营单位的主要负责人对本单位安全生产工作负有（ABCDEFG）的职责。

A. 建立、健全本单位安全生产责任制
B. 组织制定本单位安全生产规章制度和操作规程
C. 组织制定并实施本单位安全生产教育和培训计划
D. 保证本单位安全生产投入的有效实施
E. 督促、检查本单位的安全生产工作，及时消除生产安全事故隐患
F. 组织制定并实施本单位的生产安全事故应急救援预案
G. 及时、如实报告生产安全事故
H. 组织或者参与拟订本单位安全生产规章制度、操作规程和生产安全事故应急救援预案
I. 组织或者参与本单位安全生产教育和培训，如实记录安全生产教育和培训情况
J. 督促落实本单位重大危险源的安全管理措施
K. 组织或者参与本单位应急救援演练
L. 检查本单位的安全生产状况，及时排查生产安全事故隐患，提出改进安全生产管理的建议
M. 制止和纠正违章指挥、强令冒险作业、违反操作规程的行为
N. 督促落实本单位安全生产整改措施

细说考点

1. 基于上述备选项，本考点还可能考核的题目有：

根据《安全生产法》，生产经营单位的安全生产管理机构以及安全生产管理人员履行的职责有（HIJKLMN）。

2. 归纳总结记忆：关于本考点可以总结到 H、I、K 选项中涉及"组织或者参与"的可认定为生产经营单位的安全生产管理机构以及安全生产管理人员履行的职责。J、N 选项中涉及"督促落实具体措施"的可认定为生产经营单位的安全生产管理机构以

5

及安全生产管理人员履行的职责。

3. 关于本考点的考核形式较为固定，通常将生产经营单位的主要负责人对本单位安全生产工作负有的职责与生产经营单位的安全生产管理机构以及安全生产管理人员的职责相混淆进行考核，考生在复习过程中应注意区分。现对本考点的考核形式举例如下：

根据《安全生产法》，下列生产经营单位的工作中，属于安全生产管理人员职责的是（C）。

A. 健全本单位安全生产责任制
B. 组织制定并实施本单位的事故应急救援预案
C. 如实记录本单位安全生产教育和培训情况
D. 保证本单位安全生产投入的有效实施

考点2　安全生产管理机构和安全生产管理人员的配置

（题干）根据《安全生产法》，下列企业中，应当设置安全生产管理机构或者配备专职安全生产管理人员的有（ABCDEFGHI）。

A. 有从业人员65人的矿山
B. 有从业人员86人的金属冶炼厂
C. 有从业人员85人的建筑施工企业
D. 有从业人员38人的道路运输单位
E. 有从业人员50人的危险品的生产、经营、储存单位
F. 有从业人员288人的烟花爆竹生产企业
G. 有从业人员110人的食品加工单位
H. 有从业人员150人的机械制造单位
I. 有从业人员150人的纺织厂
J. 有从业人员80人的造纸厂
K. 有从业人员的95人的视频生产企业
L. 有员工97人的服装厂
M. 有员工52人的木料公司

细说考点

1. 基于上述备选项，本考点还可能考核的题目有：
根据《安全生产法》，（JKLM）应当配备专职或者兼职的安全生产管理人员。

2. 需要注意的是涉及"矿山、金属冶炼、建筑施工、道路运输单位和危险物品的生产、经营、储存单位"的选项，不需考虑从业人数，即应当设置安全生产管理机构或者配备专职安全生产管理人员。即A、B、C、D、E、F选项只考虑其单位性质，不需要考虑从业人数。

3. 矿山、金属冶炼、建筑施工、道路运输单位和危险物品的生产、经营、储存单位以外的其他生产经营单位，从业人员超过 100 人的，应当设置安全生产管理机构或者配备专职安全生产管理人员。即 G、H、I、J、K、L、M 选项涉及的单位，需考虑其是否超过 100 人，再判定其是否应当设置安全生产管理机构或者配备专职安全生产管理人员。从业人员在 100 人以下的，应当配备专职或者兼职的安全生产管理人员。

4. 本考点也会以"关于××企业设置安全生产管理机构和配备安全生产管理人员，正确的做法有（   ）"的形式进行考核。

5. 本考点涉及的知识点，也可以进行小案例形式的考核，下面对本考点的考核形式举例如下：

甲公司为纺织企业，有从业人员 500 人；乙公司为危险化学品生产企业，有从业人员 150 人；丙公司为食品生产企业，有从业人员 95 人；丁公司为建筑施工企业，有从业人员 85 人，根据《安全生产法》，（C）应当配备专职或者兼职的安全生产管理人员。

A. 甲公司
B. 乙公司
C. 丙公司
D. 丁公司

考点3　重大危险源管理的规定

（题干）某化工企业存在一重大危险源，根据《安全生产法》，针对该重大危险源，企业必须采取的措施有（**ABCDEF**）。

A. 对重大危险源进行登记建档
B. 对重大危险源进行定期检测、评估、监控
C. 制订重大危险源应急预案
D. 告知从业人员和相关人员在紧急情况下应当采取的应急措施
E. 将重大危险源及有关安全措施报所在地安全监管部门备案
F. 将重大危险源及有关应急措施报所在地安全监管部门备案

细说考点

该处的考核形式较为简单，需要考生对《安全生产法》关于重大危险源部分涉及的法律规定进行具体的掌握，也可根据实际工作经验进行作答。

考点4　生产设施、场所安全距离和紧急疏散的规定

（题干）下列关于生产设施、场所安全距离和紧急疏散的说法中，符合《安全生产法》规定的有（**ABCDEF**）。

A. 生产、经营危险物品的车间不得与员工宿舍在同一座建筑物内

B. 储存、使用危险物品的商店、仓库不得与员工宿舍在同一座建筑物内

C. 生产经营危险物品的场所和员工宿舍应当设有符合紧急疏散要求、标志明显、保持畅通的出口

D. 生产、经营、储存、使用危险物品的车间、商店、仓库应当与员工宿舍保持安全距离

E. 禁止锁闭、封堵员工宿舍的出口

F. 禁止锁闭、封堵生产经营场所的出口

> **细说考点**
>
> 1. 关于本考点的要点主要是生产、经营、储存、使用危险物品的车间、商店、仓库不得与员工宿舍在同一座建筑物内，并应当与员工宿舍保持安全距离。考核中，会提到各种与员工宿舍相关的情形，但考试应清楚的记牢"不得与员工宿舍在同一座建筑物内"这一关键点。
>
> 2. 本考点涉及的知识点，也可以进行小案例形式的考核，下面对本考点的考核形式举例如下：
>
> 某公司是一家易燃化学品生产企业，同时还开设了一家经营自产产品的零售店。该公司的下列做法，符合《安全生产法》规定的是（D）。
>
> A. 该公司计划进行扩建，临时将部分成品存放在员工宿舍中无人居住的房间内
>
> B. 为了扩大生产，该公司将员工宿舍一楼改建为产品生产车间
>
> C. 由于员工宿舍一楼有闲置房间，因此公司利用该房间零售自产产品
>
> D. 公司在生产区和员工宿舍区开设了通勤车，方便员工上下班

考点 5 生产经营单位的安全生产保障

（题干）根据《安全生产法》，关于生产经营单位的安全生产保障的说法，正确的有（ABCDEFGHIJKLMNOPQRST）。

A. 有关生产经营单位应当按照规定提取和使用安全生产费用，专门用于改善安全生产条件

B. 危险物品的生产、储存单位以及矿山、金属冶炼单位的安全生产管理人员的任免，应当告知主管的负有安全生产监督管理职责的部门

C. 生产经营单位的主要负责人和安全生产管理人员必须具备与本单位所从事的生产经营活动相应的安全生产知识和管理能力

D. 生产经营单位的特种作业人员必须按照国家有关规定经专门的安全作业培训，取得相应资格，方可上岗作业

E. 生产经营单位新建、改建、扩建工程项目的安全设施，必须与主体工程同时设计、同时施工、同时投入生产和使用

F. 矿山、金属冶炼建设项目和用于生产、储存、装卸危险物品的建设项目，应当按照

国家有关规定进行安全评价

G. 生产经营单位应当在有较大危险因素的生产经营场所和有关设施、设备上，设置明显的安全警示标志

H. 安全设备的设计、制造、安装、使用、检测、维修、改造和报废，应当符合国家标准或者行业标准

I. 生产经营单位必须对安全设备进行经常性维护、保养，并定期检测，保证正常运转

J. 国家对严重危及生产安全的工艺、设备实行淘汰制度

K. 生产经营单位进行爆破、吊装作业，应当安排专门人员进行现场安全管理

L. 生产经营单位应当教育和督促从业人员严格执行本单位的安全生产规章制度和安全操作规程

M. 生产经营单位应向从业人员如实告知作业场所和工作岗位存在的危险因素、防范措施以及事故应急措施

N. 生产经营单位必须为从业人员提供符合国家标准或者行业标准的劳动防护用品，并监督、教育从业人员按照使用规则佩戴、使用

O. 生产经营单位不得将生产经营项目、场所、设备发包或者出租给不具备安全生产条件或者相应资质的单位或者个人

P. 两个以上生产经营单位在同一作业区域内进行生产经营活动，可能危及对方生产安全的，应当签订安全生产管理协议并指定专职安全生产管理人员进行安全检查与协调

Q. 生产经营项目、场所发包或者出租给其他单位的，应当签订专门的安全生产管理协议

R. 生产经营项目、场所发包或者出租给其他单位的，可在承包合同、租赁合同中约定各自的安全生产管理职责

S. 生产经营单位对承包单位、承租单位的安全生产工作统一协调、管理

T. 生产经营项目、场所发包或者出租给其他单位的，生产经营单位应定期进行安全检查，发现安全问题的，应当及时督促整改

细说考点

1. 关于B选项涉及的知识点，还可以"根据《安全生产法》，下列安全生产管理人员的任免，应当告知主管的负有安全生产监督管理职责的部门的是（　　）"的形式进行考核。

2. 关于D选项涉及的知识点，还可以"根据《安全生产法》，下述人员中，必须按照国家有关规定经专门的安全作业培训，取得相应资格，方可上岗作业的是（　　）"的形式进行单项选择题的考核。

3. 关于E选项涉及的知识点，应重点掌握的关键点为：同时设计、同时施工、同时投入生产和使用。该处的干扰选项通常为：同时立项和同时竣工。

4. 关于F选项涉及的知识点，还可以"根据《安全生产法》，建设项目中需要进行安全评价的是（　　）"的形式进行考核。

5. 关于 G 选项涉及的知识点，应重点掌握的关键点为：安全警示标志。

6. 关于 H 选项涉及的知识点，应重点掌握的关键点为：国家标准或者行业标准，该处的干扰选项可以设置为：企业标准或地方标准。

7. 关于 K 选项涉及的知识点，还可以"某水泥厂实施爆破拆除，根据《安全生产法》，该厂应当采取的措施是（ ）"的形式进行考核。

8. 关于 M 选项涉及的知识点中，应告知的具体内容为考核的关键点所在，也较为适合多项选择题的考核。

9. 关于 O 选项涉及的知识点，考核的关键点有"安全生产管理协议"和"专职安全生产管理人员"两处。专职安全生产管理人员的干扰选项可以设置为：兼职安全生产管理人员。

10. 关于 N 选项涉及的知识点，也应熟记国家标准或者行业标准。

11. P、Q、R、S、T 选项涉及的知识点，通常会结合起来进行考核，下面对这几个知识点的综合考核形式举例如下：

（1）根据《安全生产法》，下列关于项目发包安全管理的说法，正确的是（B）。

A. 甲公司将生产经营项目发包给不具备安全生产条件的乙公司，则甲公司必须将乙公司的安全生产工作统一管理起来，确保安全生产

B. 甲公司在任何情况下都不得将生产经营项目发包给不具备安全生产条件的丙公司

C. 甲公司将生产经营项目发包给丁公司，甲公司应当与丁公司签订专门的安全生产管理协议，明确由甲公司或者丁公司对该项目的安全生产工作进行统一协调、管理

D. 甲公司将生产经营项目发包给戊公司，应当与戊公司签订专门的安全生产管理协议，或者在发包合同中约定各自的安全生产管理职责，并明确戊公司对该项目的安全生产工作统一管理

（2）某大型仓储企业有闲置厂房多处，为盘活固定资产对外出租闲置厂房。根据《安全生产法》的规定，下列做法正确的是（B）。

A. 将某闲置厂房出租给某矿山企业存放民用爆炸物品，并与该企业签订专门的安全生产管理协议，约定由该企业全权负责安全管理并承担安全责任

B. 将某闲置厂房出租给某物流公司，在租赁合同中明确双方安全职责，并按照合同约定由出租方定期对该公司进行安全检查，发现安全问题及时督促整改

C. 将某闲置厂房出租给某大型连锁超市，双方签订专门的安全生产管理协议，规定出租方不承担对该连锁超市安全生产检查的责任

D. 将某闲置厂房出租给某保险公司作营业用房，考虑到保险公司业务特点，在租赁合同中对双方安全职责未做明确规定

（3）M 公司在其粮仓扩建项目中，将仓顶防水作业委托给 N 公司，同时委托 L 公司承担仓内电气设备安装作业，委托 W 公司负责施工监理。防水和安装作业同时

开展。根据《安全生产法》的规定，下列关于上述作业活动安全管理职责的说法，正确的是（C）。

A. M公司应与W公司签订安全生产管理协议，约定由W公司承担安全生产管理职责

B. M公司应与N公司、L公司签订安全生产管理协议，约定安全生产管理职责由N公司、L公司承担

C. M公司应与N公司、L公司签订安全生产管理协议，约定各自安全生产管理职责

D. M公司应委托安全服务机构对该扩建项目的安全生产工作进行统一协调管理

考点6　从业人员的安全生产权利义务

（题干）关于从业人员的安全生产权利义务的说法，符合《安全生产法》规定的有（**ABCDEFGHIJKLMNOPQ**）。

A. 生产经营单位与从业人员订立的劳动合同，应当载明有关保障从业人员劳动安全、防止职业危害的事项，以及依法为从业人员办理工伤保险的事项

B. 生产经营单位不得以任何形式与从业人员订立协议，免除或者减轻其对从业人员因生产安全事故伤亡依法应承担的责任

C. 生产经营单位的从业人员有权了解其作业场所和工作岗位存在的危险因素、防范措施及事故应急措施，有权对本单位的安全生产工作提出建议

D. 从业人员有权对本单位安全生产工作中存在的问题提出批评、检举、控告

E. 从业人员有权拒绝违章指挥和强令冒险作业

F. 生产经营单位不得因从业人员对本单位安全生产工作提出批评、检举、控告而降低其工资、福利等待遇或者解除与其订立的劳动合同

G. 生产经营单位不得因从业人员拒绝违章指挥、强令冒险作业而降低其工资、福利等待遇或者解除与其订立的劳动合同

H. 从业人员发现直接危及人身安全的紧急情况时，有权停止作业或者在采取可能的应急措施后撤离作业场所

I. 因生产安全事故受到损害的从业人员，除依法享有工伤保险外，依照有关民事法律尚有获得赔偿的权利的，有权向本单位提出赔偿要求

J. 从业人员应当掌握本职工作所需的安全生产知识

K. 从业人员应当提高安全生产技能，增强事故预防和应急处理能力

L. 从业人员在作业过程中，应当严格遵守本单位的安全生产规章制度和操作规程，服从管理

M. 从业人员发现事故隐患或者其他不安全因素，应当立即向现场安全生产管理人员或

者本单位负责人报告

N. 从业人员在作业过程中,应当正确佩戴和使用劳动防护用品

O. 从业人员应当接受安全生产教育和培训

细说考点

1. 基于上述备选项,本考点还可能考核的题目有:

(1) 根据《安全生产法》,从业人员的人身保障权利包括(ABCDEFGHI)。

(2) 根据《安全生产法》,从业人员的安全生产义务包括(JKLMNO)。

2. 关于 A 选项涉及的知识点,应注意的要点在于"应当载明有关保障从业人员劳动安全、防止职业危害的事项,以及依法为从业人员办理工伤保险的事项"。

3. 关于 I 选项涉及的知识点,可以"根据《安全生产法》,因生产安全事故受到损害的从业人员,除依法享有工伤保险外,依照有关民事法律尚有获得赔偿的权利的,有权向( )提出赔偿要求"的形式进行单项选择题形式的考核,"本单位"是关键点所在。

4. 关于 M 选项涉及的知识点,"应当立即向现场安全生产管理人员或者本单位负责人报告"是考核的要点所在,也是重要考点。

5. 关于本考点的学习,考生还应熟悉工会在安全生产工作中的权利。根据《安全生产法》,工会在安全生产工作中的权利:

(1) 工会有权依法参加事故调查,向有关部门提出处理意见,并要求追究有关人员的责任;

(2) 工会有权对建设项目的安全设施与主体工程同时设计、同时施工、同时投入生产和使用进行监督,提出意见;

(3) 工会对生产经营单位违反安全生产法律、法规,侵犯从业人员合法权益的行为,有权要求纠正;

(4) 工会发现生产经营单位违章指挥、强令冒险作业或者发现事故隐患时,有权提出解决的建议;

(5) 工会发现危及从业人员生命安全的情况时,有权向生产经营单位建议组织从业人员撤离危险场所。

6. 关于从业人员安全生产权利与义务的考核形式以及干扰选项的设置,考生可以参考下面的例题进行准备:

根据《安全生产法》,从业人员安全生产权利与义务包括(C)。

A. 发现直接危及人身安全的紧急情况时,从业人员有权立即撤离作业现场

B. 从业人员有权拒绝接受生产经营单位提供的安全生产教育培训

C. 从业人员发现事故隐患,立即报告现场安全管理人员或者本单位负责人

D. 从业人员受到事故伤害获得工伤保险后,不再享有获得民事赔偿的权利

考点7 负有安全生产监督管理职责的部门依法监督检查时行使的职权

(题干)根据《安全生产法》,安全生产监督管理部门和其他负有安全生产监督管理职责的部门依法开展安全生产行政执法工作,对生产经营单位执行有关安全生产的法律、法规和国家标准或者行业标准的情况进行监督检查,行使的职权包括(ABCDEFGH)。

A. 进入生产经营单位进行检查,调阅有关资料

B. 对检查中发现的安全生产违法行为,当场予以纠正或者要求限期改正

C. 对依法应当给予行政处罚的行为,依照《安全生产法》和其他有关法律、行政法规的规定作出行政处罚决定

D. 对检查中发现的事故隐患,应当责令立即排除

E. 对重大事故隐患排除前无法保证安全的,应当责令从危险区域内撤出作业人员

F. 对重大事故隐患排除过程中无法保证安全的,责令暂时停产停业或者停止使用相关设施、设备

G. 对有根据认为不符合保障安全生产的国家标准或者行业标准的设施、设备、器材以及违法生产、储存、使用、经营、运输的危险物品予以查封或者扣押

H. 对违法生产、储存、使用、经营危险物品的作业场所予以查封,并依法作出处理决定

细说考点

1. 上述选项中涉及的职权可以归纳为:现场检查权、当场处理权、紧急处置权与查封扣押权。故本考点还可以"根据《安全生产法》的规定,安全生产监管部门有权依法对生产经营单位执行安全生产法律、法规和国家标准或者行业标准的情况进行监督检查,并行使现场检查权、当场处置权、紧急处置权和( )"的形式进行考核。

2. 本考点的另一种考核形式即为小案例的考核形式,现举例如下:

(1)刘某为县安全监管部门一名工作人员,按照部门工作安排,刘某对辖区内甲、乙、丙、丁4家企业进行安全生产检查。根据《安全生产法》,下列有关刘某执法检查的做法中,正确的是(A)。

A. 对甲企业检查时,发现重大生产安全事故隐患,因隐患排除过程无法保证安全,刘某责令企业立即撤出作业人员、暂时停产停业

B. 对乙企业检查时,为保证检查效果,刘某要求企业先停产配合检查

C. 对丙企业检查时,未随身携带安全生产执法证件,刘某向该企业负责人说明情况后继续进行安全检查

D. 对丁企业检查时,发现情节较为严重的安全生产违法行为,因与该企业负责人熟识,刘某作出限期改正、不予行政处罚的决定

(2)某县安全生产监督管理局安全监察人员在对某煤气厂进行检查时,发现煤气发生炉存在煤气泄漏重大事故隐患,且现场煤气监测报警仪已完全失效。根据《安全生产法》,安全监察人员应当(ABC)。

A. 责令煤气厂立即排除该重大事故隐患
B. 责令撤出煤气厂工作人员
C. 责令煤气厂暂时停产
D. 当场给予煤气厂行政处罚 5000 元
E. 当场给予煤气厂厂长行政处罚 2000 元

考点 8　安全生产监督检查人员依法履行职责的要求

（题干）安全生产监督检查人员依法履行职责的要求包括（ABCDE）。
A. 忠于职守，坚持原则，秉公执法
B. 执行监督检查任务时，必须出示有效的监督执法证件
C. 对涉及被检查单位的技术秘密和业务秘密，应当为其保密
D. 应当将检查的时间、地点、内容、发现的问题及其处理情况，作出书面记录，并由检查人员和被检查单位的负责人签字
E. 被检查单位的负责人拒绝签字的，检查人员应当将情况记录在案，并向负有安全生产监督管理职责的部门报告

细说考点

1. 关于 B 选项涉及的知识点，"出示有效的监督执法证件"是必要条件。
2. 关于 D 选项涉及的知识点，"书面记录"和"检查人员和被检查单位的负责人"均是易错点。
3. 本考点的另一种考核形式即为小案例的考核形式，现举例如下：
安全监管执法人员按照安全生产监督检查计划对某化工企业进行现场安全检查。根据《安全生产法》，下列关于安全生产监督检查的说法中，正确的是（C）。
A. 对该企业的所有检查情况一律公开
B. 该企业生产活动应当服从检查需要
C. 应当将检查的时间、地点、内容、发现的问题及处理情况，作出书面记录
D. 如该企业负责人拒绝在检查记录上签字，应当给予警告和罚款处罚

考点 9　安全生产监督管理的相关规定

（题干）根据《安全生产法》，关于安全生产监督管理的说法中，正确的有（ABCDEF）。
A. 负有安全生产监督管理职责的部门依照规定采取停止供电措施，除有危及生产安全的紧急情形外，应当提前 24 小时通知生产经营单位
B. 承担安全评价、认证、检测、检验的机构应当对其作出的安全评价、认证、检测、检验的结果负责

C. 负有安全生产监督管理职责的部门对涉及安全生产的事项进行审查、验收，不得收取费用

D. 负有安全生产监督管理职责的部门不得要求接受审查、验收的单位购买其指定品牌或者指定生产、销售单位的安全设备、器材或者其他产品

E. 生产经营单位对安全生产监督检查人员依法履行监督检查职责，应当予以配合，不得拒绝、阻挠

F. 负有安全生产监督管理职责的部门依法对存在重大事故隐患的生产经营单位作出停产停业决定的，生产经营单位应当依法执行，及时消除事故隐患

> **细说考点**
>
> 1. 关于本考点的考核通常会较为简单，进行熟悉了解即可。
>
> 2. 本考点的难点在于 F 选项涉及的知识点，关于该知识点，还应进行如下具体内容的掌握：
>
> 负有安全生产监督管理职责的部门依法对存在重大事故隐患的生产经营单位作出停产停业、停止施工、停止使用相关设施或者设备的决定，生产经营单位拒不执行，有发生生产安全事故的现实危险的，在保证安全的前提下，经本部门主要负责人批准，负有安全生产监督管理职责的部门可以采取通知有关单位停止供电、停止供应民用爆炸物品等措施，强制生产经营单位履行决定。其中"经本部门主要负责人批准"可以作为复习的要点。
>
> 3. 本考点涉及的部分考核形式，可以结合下面的例题进行掌握：
>
> 根据《安全生产法》，某县安全监管部门拟对一家违法企业实施停止供电的强制措施，除有危及生产安全的紧急情形外，应当提前（C）通知该企业。
>
> A. 12 小时　　　　　　　　　　　B. 48 小时
> C. 24 小时　　　　　　　　　　　D. 72 小时

考点 10　生产安全事故的应急救援与调查处理

（题干）根据《安全生产法》，下列关于生产经营单位应急救援工作的说法，正确的是（ABCDEFGHIJKL）。

A. 生产经营单位应当制定本单位生产安全事故应急救援预案，并与所在地县级以上地方人民政府的生产安全事故应急救援预案相衔接

B. 生产经营单位应当制定本单位生产安全事故应急救援预案，并定期组织演练

C. 生产经营单位发生生产安全事故后，事故现场有关人员应当立即报告本单位负责人

D. 危险物品的生产、经营、储存、运输单位应当配备必要的应急救援器材、设备和物资，并进行经常性的维护保养，保证正常运转

E. 生产经营单位发生生产安全事故后，应当迅速采取有效措施，组织抢救，防止事故扩大

F. 生产经营单位接到报告后，不得隐瞒不报、谎报或者迟报，不得故意破坏事故现场、

毁灭有关证据

G. 城市轨道交通运营、建筑施工单位应当配备必要的应急救援器材、设备和物资，并进行经常性维护、保养

H. 矿山、金属冶炼单位应当配备必要的应急救援器材、设备和物资

I. 危险物品的生产、经营、储存单位应当建立应急救援组织

J. 金属冶炼、城市轨道交通运营、建筑施工单位应当建立应急救援组织

K. 生产经营规模较小的建筑施工单位，可以不建立应急救援组织，但应当指定兼职的应急救援人员

L. 生产经营规模较小的金属冶炼单位，可以不建立应急救援组织，但应当指定兼职的应急救援人员

> **细说考点**
>
> 1. 关于 A 选项涉及的知识点，应重点掌握的关键点为：所在地县级以上地方人民政府。
>
> 2. 关于 C 选项涉及的知识点，应重点掌握的关键点为：报告本单位负责人。
>
> 3. 关于 G、H、I、J、K、L 选项涉及的知识点，容易多以小案例的形式进行综合性的考核，现举例如下题：
>
> 某大型建筑施工企业有职工 1500 人，其中管理人员 160 人，根据《安全生产法》，下列关于该企业应急救援的说法中，正确的是（D）。
>
> A. 可以不建立应急救援组织，但必须配备必要的应急救援器材、设备
>
> B. 应当指定兼职的应急救援人员，并配备必要的应急救援器材、设备
>
> C. 可以不建立应急救援组织，但应当委托外部应急救援机构开展应急管理工作
>
> D. 应当建立应急救援组织，并配备必要的应急救援器材、设备
>
> 4. 关于本考点的学习，考生还应掌握的知识点有：
>
> （1）县级以上地方各级人民政府应当组织有关部门制定本行政区域内生产安全事故应急救援预案，建立应急救援体系。
>
> （2）任何单位和个人不得阻挠和干涉对事故的依法调查处理。
>
> （3）有关地方人民政府和负有安全生产监督管理职责的部门的负责人接到生产安全事故报告后，应当按照生产安全事故应急救援预案的要求立即赶到事故现场，组织事故抢救。

考点 11　生产经营单位的主要负责人未履行安全生产管理职责的处罚

（题干）生产经营单位的主要负责人未履行《安全生产法》规定的安全生产管理职责，导致发生一般事故的，由安全生产监督管理部门处上一年年收入（A）的罚款。

A. 30%　　　　　　　　　　　　　　B. 40%

C. 60%　　　　　　　　　　　　　　D. 80%

> **细说考点**
>
> 1.基于上述备选项，本考点还可能考核的题目有：
> (1) 生产经营单位的主要负责人未履行《安全生产法》规定的安全生产管理职责，导致发生较大事故的，由安全生产监督管理部门处上一年年收入（B）的罚款。
> (2) 生产经营单位的主要负责人未履行《安全生产法》规定的安全生产管理职责，导致发生重大事故的，由安全生产监督管理部门处上一年年收入（C）的罚款。
> (3) 生产经营单位的主要负责人未履行《安全生产法》规定的安全生产管理职责，导致发生特别重大事故的，由安全生产监督管理部门处上一年年收入（D）的罚款。
> 2.对于本考点可以与其他相关知识结合起来进行，综合性地考核。

考点12　生产经营单位的安全生产违法行为

（题干）根据《安全生产法》，生产经营单位有（ABCDEFGHI）行为，责令限期改正，可以处五万元以下的罚款；逾期未改正的，责令停产停业整顿，并处五万元以上十万元以下的罚款，对其直接负责的主管人员和其他直接责任人员处一万元以上二万元以下的罚款。

A.未按照规定设置安全生产管理机构或者配备安全生产管理人员的

B.危险物品的生产、经营、储存单位的主要负责人和安全生产管理人员未按照规定经考核合格的

C.矿山、金属冶炼、建筑施工、道路运输单位的主要负责人和安全生产管理人员未按照规定经考核合格的

D.未按照规定对从业人员、被派遣劳动者、实习学生进行安全生产教育和培训的

E.未按照规定如实告知有关的安全生产事项的

F.未如实记录安全生产教育和培训情况的

G.未将事故隐患排查治理情况如实记录或者未向从业人员通报的

H.未按照规定制定生产安全事故应急救援预案或者未定期组织演练的

I.特种作业人员未按照规定经专门的安全作业培训并取得相应资格，上岗作业的

J.未按照规定对矿山、金属冶炼建设项目或者用于生产、储存、装卸危险物品的建设项目进行安全评价的

K.矿山、金属冶炼建设项目或者用于生产、储存、装卸危险物品的建设项目没有安全设施设计或者安全设施设计未按照规定报经有关部门审查同意的

L.矿山、金属冶炼建设项目或者用于生产、储存、装卸危险物品的建设项目的施工单位未按照批准的安全设施设计施工的

M.矿山、金属冶炼建设项目或者用于生产、储存危险物品的建设项目竣工投入生产或

者使用前,安全设施未经验收合格的

N. 未在有较大危险因素的生产经营场所和有关设施、设备上设置明显的安全警示标志的

O. 安全设备的安装、使用、检测、改造和报废不符合国家标准或者行业标准的

P. 未对安全设备进行经常性维护、保养和定期检测的

Q. 未为从业人员提供符合国家标准或者行业标准的劳动防护用品的

R. 危险物品的容器、运输工具未经具有专业资质的机构检测、检验合格,取得安全使用证或者安全标志,投入使用的

S. 涉及人身安全、危险性较大的海洋石油开采特种设备和矿山井下特种设备未经具有专业资质的机构检测、检验合格,取得安全使用证或者安全标志,投入使用的

细说考点

1. 基于上述备选项,本考点还可能考核的题目有:

(1) 根据《安全生产法》,生产经营单位有(JKLM)行为,责令停止建设或者停产停业整顿,限期改正。

(2) 根据《安全生产法》,生产经营单位有(JKLM)行为,逾期未改正的,处五十万元以上一百万元以下的罚款,对其直接负责的主管人员和其他直接责任人员处二万元以上五万元以下的罚款。

(3) 根据《安全生产法》,生产经营单位有(NOPQRS)行为,逾期未改正的,处五万元以上二十万元以下的罚款,对其直接负责的主管人员和其他直接责任人员处一万元以上二万元以下的罚款。

2. 关于本考点的学习,考生还应掌握的内容主要有:

(1) 生产经营单位的决策机构、主要负责人或者个人经营的投资人不依照《安全生产法》规定保证安全生产所必需的资金投入,致使生产经营单位不具备安全生产条件的,责令限期改正,提供必需的资金;逾期未改正的,责令生产经营单位停产停业整顿。

(2) 生产经营单位的主要负责人有未履行《安全生产法》规定的安全生产管理职责,导致发生生产安全事故的,给予撤职处分;构成犯罪的,依照刑法有关规定追究刑事责任。生产经营单位的主要负责人未履行《安全生产法》规定的安全生产管理职责,依照规定受刑事处罚或者撤职处分的,自刑罚执行完毕或者受处分之日起,<u>五年内不得担任任何生产经营单位的主要负责人</u>;对重大、特别重大生产安全事故负有责任的,<u>终身不得担任本行业生产经营单位的主要负责人</u>。

(3) 两个以上生产经营单位在同一作业区域内进行可能危及对方安全生产的生产经营活动,未签订安全生产管理协议或者未指定专职安全生产管理人员进行安全检查与协调的,责令限期改正,可以处五万元以下的罚款,对其直接负责的主管人员和其他直接责任人员可以处一万元以下的罚款;逾期未改正的,责令停产停业。

该知识点可以结合下面这道例题进行学习:

某省建设行政管理部门在对一个大型施工工地进行安全检查时发现,有两个施工单位在一个作业区域进行可能危及对方安全生产的施工作业,这两个施工单位未签订安全生产管理协议。而且未确定专职安全生产管理人员进行安全检查与协调。该省建设行政管理部门立即下达限期整改通知书,但这两个施工单位逾期仍未改正。根据《安全生产法》的规定,该省建设行政管理部门应当(B)。

A. 对两个施工单位处以罚款
B. 责令两个施工单位停产整顿
C. 吊销两个单位的安全生产许可证
D. 吊销两个单位的施工许可证

考点13 安全生产中介机构的违法行为

(题干)某安全评价服务中心为一家生产剧毒磷化物的企业进行安全评价,收取9万元服务费,出具了虚假安全评价报告。根据《安全生产法》,安全监管部门应当依法(AB)。

A. 没收违法所得
B. 处10万元以上20万元以下的罚款
C. 处违法所得二倍以上五倍以下的罚款
D. 处2万元以上5万元以下的罚款

细说考点

1. 基于上述备选项,本考点还可能考核的题目有:

(1) 某安全评价服务中心为一家生产危险化学品的企业进行安全评价,收取12万元服务费,出具了虚假安全评价报告。根据《安全生产法》,安全监管部门应当依法(AC)。

(2) 某安全检测中心为一家生产危险化学品的企业进行安全检测,为额外收取18万元服务费,出具了虚假安全检测报告。根据《安全生产法》,安全监管部门应当依法对其直接负责的主管人员和其他直接责任人员(D)。

(3) 某化工集团欲投资建设生产剧毒磷化物的工厂,委托某机构进行安全评价。该机构在对项目的评价过程中,发现了若干不符合安全条件的问题,在化工集团将原定的服务报酬标准提高50万元后,出具了建设项目符合要求的安全评价报告。根据《安全生产法》的规定,对该机构出具虚假报告的处罚应该是(AC)。

2. 本考点值得注意的是:承担安全评价、认证、检测、检验工作的机构,出具虚假证明的,对其直接负责的主管人员和其他直接责任人员除罚款外,给他人造成损害的,与生产经营单位承担连带赔偿责任。

专题三 《矿山安全法》

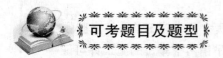可考题目及题型

考点1 矿山建设的安全保障

（题干）根据《矿山安全法》，关于矿山建设安全保障的说法中，属于强制性规定的有（ABCDEFGH）。

A. 矿山建设工程的安全设施必须和主体工程同时设计、同时施工、同时投入生产和使用

B. 矿山建设工程的设计文件，必须符合矿山安全规程和行业技术规范，并按照国家规定经管理矿山企业的主管部门批准

C. 矿山建设工程安全设施的设计必须有劳动行政主管部门参加审查

D. 矿山建设工程必须按照管理矿山企业的主管部门批准的设计文件施工

E. 每个矿井必须有两个以上能行人的安全出口

F. 出口之间的直线水平距离必须符合矿山安全规程和行业技术规范

G. 矿山必须有与外界相通的、符合安全要求的运输和通信设施

H. 不符合矿山安全规程和行业技术规范的，不得验收，不得投入生产

> **细说考点**
>
> 1. 关于A选项涉及的知识点，考核的要点为：同时设计、同时施工、同时投入生产和使用。干扰选项可以设置为：同时立项和同时竣工。
>
> 2. 关于B选项涉及的知识点，考核的要点为：矿山安全规程和行业技术规范。
>
> 3. 关于C选项涉及的知识点，考核形式可以是"根据《矿山安全法》，矿山建设工程安全设施的设计必须有（　　）参加审查"的形式进行单项选择题的考核。
>
> 4. 关于E选项涉及的知识点，两个以上能行人的安全出口是考核的重中之重。
>
> 5. 关于F选项涉及的知识点，考核的要点有两个：(1) 直线水平距离；(2) 矿山安全规程和行业技术规范。为能让考生更好地学习该知识点，现将可能的考核形式举例如下：
>
> 《矿山安全法》规定，每个矿井的两个安全出口之间的（D）必须符合矿山安全规程和行业技术规范。
>
> A. 垂直高度　　　　　　　　B. 标高差
>
> C. 相互连接通道　　　　　　D. 直线水平距离

6. 本考点的另一种考核形式可以为"根据《矿山安全法》，关于矿山建设安全保障的说法中，正确/错误的是（　　）"的形式进行考核。

7. 关于本考点的学习，考生还应掌握的内容有：

矿山设计下列项目必须符合矿山安全规程和行业技术规范：

(1) 矿井的通风系统和供风量、风质、风速；

(2) 露天矿的边坡角和台阶的宽度、高度；

(3) 供电系统；

(4) 提升、运输系统；

(5) 防水、排水系统和防火、灭火系统；

(6) 防瓦斯系统和防尘系统；

(7) 有关矿山安全的其他项目。

考点 2　矿山开采的安全保障

（题干）矿山开采风险高、生产复杂，需要满足相关的安全标准和条件。根据《矿山安全法》的规定，下列关于矿山安全保障的说法，正确的是（ABCDEF）。

A. 矿山开采必须具备保障安全生产的条件

B. 矿山设计规定保留的矿柱、岩柱，在规定的期限内，应当予以保护，不得开采或者毁坏

C. 矿山使用的有特殊安全要求的设备、器材、防护用品和安全检测仪器，必须符合国家安全标准或者行业安全标准

D. 矿山企业必须对机电设备及其防护装置、安全检测仪器，定期检查、维修，保证使用安全

E. 矿山企业必须对作业场所中的有毒有害物质和井下空气含氧量进行检测

F. 矿山企业对使用机械、电气设备，排土场、矸石山、尾矿库和矿山闭坑后可能引起的危害，应当采取预防措施

细说考点

1. 关于 B 选项涉及的知识点，考核过程中，应该会用"适当开采"等表述进行干扰性的考核。

2. 关于 C 选项涉及的知识点，关于符合国家安全标准或者行业安全标准的干扰选项可以设置为：企业标准或国际标准。

3. 关于 E 选项涉及的知识点，考核的关键点为：有毒有害物质和含氧量。其中，含氧量的干扰性选项易设置为：温度、湿度或含氮量等。

4. 关于本考点的学习，考生还应掌握下述内容。

矿山企业必须对下列危害安全的事故隐患采取预防措施：

> (1) 冒顶、片帮、边坡滑落和地表塌陷;
> (2) 瓦斯爆炸、煤尘爆炸;
> (3) 冲击地压、瓦斯突出、井喷;
> (4) 地面和井下的火灾、水害;
> (5) 爆破器材和爆破作业发生的危害;
> (6) 粉尘、有毒有害气体、放射性物质和其他有害物质引起的危害;
> (7) 其他危害。

考点3 矿山企业的安全管理规定

(题干) 根据《矿山安全法》，关于矿山企业安全管理的说法，正确的有（ABCDEFGHIJKLMNOPQRSTU）。

A. 矿山企业必须建立、健全安全生产责任制

B. 矿长对本企业的安全生产工作负责

C. 矿长应当定期向职工代表大会或者职工大会报告安全生产工作

D. 矿山企业职工有权对危害安全的行为，提出批评、检举和控告

E. 矿山企业工会依法维护职工生产安全的合法权益，组织职工对矿山安全工作进行监督

F. 矿山企业违反相关安全法律的，工会有权要求有关部门认真处理

G. 矿山企业召开讨论有关安全生产的会议，应当有工会代表参加，工会有权提出意见和建议

H. 矿山企业工会发现企业行政方面违章指挥、强令工人冒险作业的，有权提出解决的建议

I. 矿山企业工会在企业生产过程中发现明显重大事故隐患和职业危害，有权提出解决的建议

J. 矿山企业工会发现危及职工生命安全的情况时，有权向矿山企业行政方面建议组织职工撤离危险现场

K. 矿山企业必须对职工进行安全教育、培训

L. 未经安全教育、培训的，矿山职工不得上岗作业

M. 矿山企业不得录用未成年人从事矿山井下劳动

N. 矿长必须经过考核，具备安全专业知识，具有领导安全生产和处理矿山事故的能力

O. 矿山企业安全工作人员必须具备必要的安全专业知识和矿山安全工作经验

P. 矿山企业必须向职工发放保障安全生产所需的劳动防护用品

Q. 矿山企业安全生产的特种作业人员必须接受专门培训，经考核合格取得操作资格证书的，方可上岗作业

R. 不得分配女职工从事矿山井下劳动

S. 矿山企业必须从矿产品销售额中按照国家规定提取安全技术措施专项费用

T. 矿山企业应当建立由专职或者兼职人员组成的救护和医疗急救组织，配备必要的装备、器材和药物

U. 矿山企业的安全技术措施专项费用必须全部用于改善矿山安全生产条件，不得挪作他用

> **细说考点**
>
> 1. 关于B选项涉及的知识点，考核形式可以设置为"对本企业的安全生产工作负责的主体是（　　）"。
> 2. 关于本考点的学习，关于工会监督部分的考核相对容易得分。
> 3. 未成年人和女职工不得从事矿山井下劳动是需要熟记的内容。
> 4. 关于N选项涉及的知识点，可以"根据《矿山安全法》的规定，矿山企业中，应当具备安全专业知识，具有领导安全生产和处理矿山事故的能力，并必须经过考核合格的人员是（　　）"的形式进行单项选择题的考核。该处的错误选项可以设置为：总工程师、安全生产管理人员或特种作业人员。
> 5. 本考点中涉及的强制性规定，需要考生进行熟练的掌握。
> 6. 关于S选项涉及的知识点，考核形式及干扰选项的设置举例如下：
> 《矿山安全法》规定，矿山企业必须从（B）中按照国家规定提取安全技术措施专项费用。
> 　　A. 企业营业额　　　　　　　　　　B. 矿产品销售额
> 　　C. 企业利润　　　　　　　　　　　D. 再生产投入
> 7. 关于U选项涉及的知识点中，考核的关键点是：用于改善矿山安全生产条件。

考点4　矿山企业的法律责任

（题干）违反《矿山安全法》的规定，有（ABCDEF）行为，由劳动行政主管部门责令改正，可以并处罚款；情节严重的，提请县级以上人民政府决定责令停产整顿；对主管人员和直接责任人员由其所在单位或者上级主管机关给予行政处分。

A. 未对职工进行安全教育、培训，分配职工上岗作业的

B. 未按照规定及时、如实报告矿山事故的

C. 拒绝矿山安全监督人员现场检查的

D. 在被检查时隐瞒事故隐患、不如实反映情况的

E. 未按照规定提取或者使用安全技术措施专项费用的

F. 使用不符合国家安全标准或者行业安全标准的设备、器材、防护用品、安全检测仪器的

G. 矿长不具备安全专业知识的

H. 安全生产的特种作业人员未取得操作资格证书上岗作业的

I.矿山建设工程安全设施的设计未经批准擅自施工的

J.矿山建设工程的安全设施未经验收或者验收不合格擅自投入生产的

K.已经投入生产的矿山企业,不具备安全生产条件而强行开采的

细说考点

1.基于上述备选项,本考点还可能考核的题目有:

(1)根据《矿山安全法》,应由劳动行政主管部门责令限期改正;逾期不改正的,提请县级以上人民政府决定责令停产,调整配备合格人员后,方可恢复生产的情形是(GH)。

(2)根据《矿山安全法》,应由管理矿山企业的主管部门责令停止施工;拒不执行的,由管理矿山企业的主管部门提请县级以上人民政府决定由有关主管部门吊销其采矿许可证和营业执照的情形是(I)。

(3)根据《矿山安全法》,应由劳动行政主管部门会同管理矿山企业的主管部门责令停止生产,并由劳动行政主管部门处以罚款;拒不停止生产的,由劳动行政主管部门提请县级以上人民政府决定由有关主管部门吊销其采矿许可证和营业执照的情形是(J)。

(4)根据《矿山安全法》,由劳动行政主管部门会同管理矿山企业的主管部门责令限期改进;逾期仍不具备安全生产条件的,由劳动行政主管部门提请县级以上人民政府决定责令停产整顿或者由有关主管部门吊销其采矿许可证和营业执照的情形是(K)。

2.本考点的另一种考核形式为:给出上述某一具体的选项,即给出具体违法行为,让考生分析判断由哪个部门作出处罚,根据具体情形应给予怎样的处罚。

3.本考点中涉及的处罚决定机关,如:"劳动行政主管部门""管理矿山企业的主管部门""劳动行政主管部门会同管理矿山企业的主管部门""县级以上人民政府",要分清具体情形。

4.本考点中涉及的处罚种类,如:"责令改正,可以并处罚款""责令停产整顿""行政处分""责令停产""吊销其采矿许可证和营业执照"的处罚也是考核的要点,考生应能够进行明确的区分。

5.关于本考点的学习,还应对如下知识进行具体的掌握。

(1)当事人对行政处罚决定不服的,可以在接到处罚决定通知之日起十五日内向作出处罚决定的机关的上一级机关申请复议;当事人也可以在接到处罚决定通知之日起十五日内直接向人民法院起诉。

(2)复议机关应当在接到复议申请之日起六十日内作出复议决定。当事人对复议决定不服的,可以在接到复议决定之日起十五日内向人民法院起诉。复议机关逾期不作出复议决定的,当事人可以在复议期满之日起十五日内向人民法院起诉。

(3)当事人逾期不申请复议也不向人民法院起诉、又不履行处罚决定的,作出处罚决定的机关可以申请人民法院强制执行。

专题四
《消防法》

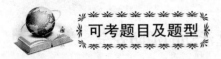

考点1 建设工程的消防安全

（题干）根据《消防法》，关于建设工程消防安全的说法，正确的有（ABCDEFG）。

A. 对按照国家工程建设消防技术标准需要进行消防设计的建设工程，实行建设工程消防设计审查验收制度

B. 国务院住房和城乡建设主管部门规定的特殊建设工程，建设单位应当将消防设计文件报送住房和城乡建设主管部门审查

C. 特殊建设工程未经消防设计审查或者审查不合格的，建设单位、施工单位不得施工

D. 除特殊建设工程外，建设单位未提供满足施工需要的消防设计图纸及技术资料的，有关部门不得发放施工许可证或者批准开工报告

E. 国务院住房和城乡建设主管部门规定应当申请消防验收的建设工程竣工，建设单位应当向住房和城乡建设主管部门申请消防验收

F. 依法应当进行消防验收的建设工程，未经消防验收或者消防验收不合格的，禁止投入使用

G. 同一建筑物由两个以上单位管理或者使用的，应当明确各方的消防安全责任，并确定责任人对共用的疏散通道、安全出口、建筑消防设施和消防车通道进行统一管理

细说考点

1. 关于A选项涉及的知识点，还可以"根据《消防法》，对按照国家工程建设消防技术标准需要进行消防设计的建设工程，实行（　　）制度"的形式进行单项选择题的考核。

2. 关于B选项涉及的知识点，还可以"根据《消防法》，国务院住房和城乡建设主管部门规定的特殊建设工程，（　　）应当将消防设计文件报送住房和城乡建设主管部门审查"的形式进行考核，或者将"住房和城乡建设主管部门"作为考核的要点。

3. 关于C选项涉及的知识点，关键要点有两个：（1）特殊建设工程；（2）消防设计必须审查且需合格。

4. 关于E选项涉及的知识点，还可以"根据《消防法》，国务院住房和城乡建设

主管部门规定应当申请消防验收的建设工程竣工,建设单位应当向（　　）申请消防验收"的形式进行单项选择题的考核。

5.关于G选项涉及的知识点,考核要点是:明确各方的消防安全责任,并确定责任人。

考点2　公众聚集场所和大型群众性活动的消防安全

（题干）根据《消防法》,关于公众聚集场所和大型群众性活动消防安全的说法中,正确的有（ABCDEFG）。

A.公众聚集场所在投入使用、营业前,建设单位或者使用单位应当向场所所在地的县级以上地方人民政府消防救援机构申请消防安全检查

B.消防救援机构应当自受理申请之日起十个工作日内,对该场所进行消防安全检查

C.未经消防安全检查或者经检查不符合消防安全要求的,不得投入使用、营业

D.举办大型群众性活动,承办人应当依法向公安机关申请安全许可

E.举办大型群众性活动,应制定灭火和应急疏散预案并组织演练

F.举办大型群众性活动,应明确消防安全责任分工,确定消防安全管理人员,保持消防设施和消防器材配置齐全、完好有效

G.举办大型群众性活动,应保证疏散通道、安全出口、疏散指示标志、应急照明和消防车通道符合消防技术标准和管理规定

细说考点

1.关于A选项涉及的知识点,考核的要点有两个:（1）申请主体（建设单位或者使用单位）;（2）消防救援机构。

2.关于B选项涉及的知识点,还可以"根据《消防法》,消防救援机构应当自受理申请之日起（　　）个工作日内,对该场所进行消防安全检查"的形式进行单项选择题的考核。

3.关于D选项涉及的知识点,受理主体（公安机关）是考核的关键点。

考点3　消防安全重点单位的安全管理

（题干）根据《消防法》,消防安全重点单位的安全管理职责包括（ABCDEFGHIJKL）。

A.确定消防安全管理人,组织实施本单位的消防安全管理工作

B.建立消防档案,确定消防安全重点部位

C.设置防火标志,实行严格管理

D.对职工进行岗前消防安全培训

E.实行每日防火巡查,并建立巡查记录

F. 定期组织消防安全培训和消防演练

G. 对建筑消防设施每年至少进行一次全面检测，确保完好有效，检测记录应当完整准确，存档备查

H. 保障疏散通道、安全出口、消防车通道畅通，保证防火防烟分区、防火间距符合消防技术标准

I. 组织防火检查，及时消除火灾隐患

J. 组织进行有针对性的消防演练

K. 落实消防安全责任制，制定本单位的消防安全制度、消防安全操作规程，制定灭火和应急疏散预案

L. 按照国家标准、行业标准配置消防设施、器材，设置消防安全标志，并定期组织检验、维修，确保完好有效

> **细说考点**
>
> 1. 基于上述备选项，本考点还可能考核的题目有：
>
> （1）根据《消防法》，消防安全重点单位除应当履行一般单位消防安全管理职责外，还应当履行的消防安全职责包括（ABCDEF）。
>
> （2）根据《消防法》，机关、团体、企业、事业等单位应当履行的消防安全职责包括（GHIJKL）。
>
> 2. 关于 E 选项涉及的知识点，实行"每日"防火巡查是考核的要点，对于该处的考核，干扰选项可以用"每周或者每月"对"每日"进行干扰。
>
> 3. 关于 G 选项涉及的知识点，还可以"根据《消防法》，餐馆的火灾自动报警、消火栓等设施应当每（　　）全面检测 1 次"或"根据《消防法》，对建筑消防设施每年至少进行（　　）全面检测"的形式进行单项选择题的考核。
>
> 4. 关于 L 选项涉及的知识点中，国家标准、行业标准也是易错点。
>
> 5. 关于本考点的学习，考生还应进行掌握的要点是：单位的主要负责人是本单位的消防安全责任人。

考点 4　消防组织的规定

（题干） 根据《消防法》，下列单位应当建立单位专职消防队，承担本单位的火灾扑救工作的有（ABCDEFGH）。

A. 储备可燃的重要物资的大型仓库、基地

B. 大型核设施单位

C. 大型发电厂

D. 民用机场

E. 主要港口

F. 生产易燃易爆危险品的大型企业

G. 储存易燃易爆危险品的大型企业

H. 距离国家综合性消防救援队较远、被列为全国重点文物保护单位的古建筑群的管理单位

> **细说考点**
>
> 1. 关于本题，还应注意的是：除上述 A、B、C、D、E、F、G 选项以外的火灾危险性较大、距离国家综合性消防救援队较远的其他大型企业，也应当建立单位专职消防队。注意前提有三：(1) 危险性较大；(2) 距离较远；(3) 大型企业。
>
> 2. 关于 B、C 选项的考核，要注意区分核设施单位与发电厂的规模。
>
> 3. 民用机场和主要港口的考核，不需要考虑其规模大小，均应建立单位专职消防队。
>
> 4. 生产、储存易燃易爆危险品是否建立单位专职消防队的前提也是需要考虑其规模大小的。
>
> 5. H 选项要掌握的有两个要点：(1) 距离远；(2) 全国重点。该处的干扰选项通常可以设置为省级重点文物保护单位等。
>
> 6. 本题的干扰选项可以设置为：位于市中心的大型购物超市；位于市中心的大型歌剧院；位于市郊的中型水电站；某大型钢材仓库；从事金矿开采的大型企业；大型建筑施工企业；大型体育场所；位于市区的学生人数达到 2 万名的高校；位于市郊的大型水泥厂；某小型危险化学品生产企业等。
>
> 7. 关于本考点的学习，考生可以结合下面这道例题进行深入的学习：
>
> 根据《消防法》的规定，下列单位中，应当建立单位专职消防队，承担本单位的火灾扑救工作的是（B）。
>
> A. 某大型购物中心　　　　　　　B. 某民用机场
> C. 某大型钢材仓库　　　　　　　D. 某省级重点文物保护单位
>
> 8. 关于本考点的学习，考生还应掌握的具体知识点如下：
>
> (1) 县级以上地方人民政府应当按照国家规定建立国家综合性消防救援队、专职消防队，并按照国家标准配备消防装备，承担火灾扑救工作。
>
> (2) 乡镇人民政府应当根据当地经济发展和消防工作的需要，建立专职消防队、志愿消防队，承担火灾扑救工作。
>
> (3) 国家综合性消防救援队、专职消防队按照国家规定承担重大灾害事故和其他以抢救人员生命为主的应急救援工作。
>
> (4) 机关、团体、企业、事业等单位以及村民委员会、居民委员会根据需要，建立志愿消防队等多种形式的消防组织，开展群众性自防自救工作。

考点 5　灭火救援的规定

(题干) 根据《消防法》，关于灭火救援的说法中，正确的有（ABCDEFGHIJKLMNOPQR）。

A. 县级以上地方人民政府应当组织有关部门针对本行政区域内的火灾特点制定应急

预案

　　B. 县级以上地方人民政府应当组织有关部门建立应急反应和处置机制，为火灾扑救和应急救援工作提供人员、装备等保障

　　C. 任何人发现火灾都应当立即报警

　　D. 任何单位、个人都应当无偿为报警提供便利，不得阻拦报警

　　E. 严禁谎报火警

　　F. 人员密集场所发生火灾，该场所的现场工作人员应当立即组织、引导在场人员疏散

　　G. 任何单位发生火灾，必须立即组织力量扑救，邻近单位应当给予支援

　　H. 消防救援机构统一组织和指挥火灾现场扑救，应当优先保障遇险人员的生命安全

　　I. 根据扑救火灾的紧急需要，有关地方人民政府应当组织人员、调集所需物资支援灭火

　　J. 消防队接到火警，必须立即赶赴火灾现场，救助遇险人员，排除险情

　　K. 国家综合性消防救援队、专职消防队参加火灾以外的其他重大灾害事故的应急救援工作，由县级以上人民政府统一领导

　　L. 对因参加扑救火灾或者应急救援受伤、致残或者死亡的人员，按照国家有关规定给予医疗、抚恤

　　M. 消防车、消防艇前往执行火灾扑救或者应急救援任务，在确保安全的前提下，不受行驶速度、行驶路线、行驶方向和指挥信号的限制

　　N. 消防车、消防艇前往执行火灾扑救或者应急救援任务的，其他车辆、船舶以及行人应当让行，不得穿插超越

　　O. 收费公路、桥梁免收消防车辆和消防艇的通行费

　　P. 赶赴火灾现场或者应急救援现场的消防人员和调集的消防装备、物资，需要铁路、水路或者航空运输的，有关单位应当优先运输

　　Q. 国家综合性消防救援队、专职消防队扑救火灾、应急救援，不得收取任何费用

　　R. 单位专职消防队、志愿消防队参加扑救外单位火灾所损耗的燃料、灭火剂和器材、装备等，由火灾发生地的人民政府给予补偿

细说考点

　　1. 关于 A 选项涉及的知识点，还可以"根据《消防法》，应当组织有关部门针对本行政区域内的火灾特点制定应急预案的是（　　）"的形式进行单项选择题的考核。

　　2. 关于 F 选项涉及的知识点，通常以"根据《消防法》，关于××的表述/说法，正确/错误的是（　　）"的形式进行考核。

　　3. 关于 H 选项涉及的知识点，涉及的关键点有两个：(1) 消防救援机构；(2) 优先保障遇险人员的生命安全。关于消防救援机构的考核形式可以是"根据《消防法》，统一组织和指挥火灾现场扑救，应当优先保障遇险人员的生命安全的机构是（　　）"。关于优先保障遇险人员的生命安全，该处的干扰选项可以设置为：国家财产安全或集体财产安全。

4. 关于K选项涉及的知识点，还可以"根据《消防法》，国家综合性消防救援队、专职消防队参加火灾以外的其他重大灾害事故的应急救援工作，由（　　）统一领导"的形式进行单项选择题的考核。

5. 关于M选项涉及的知识点，前提条件是确保安全。考核的要点是：不受行驶速度、行驶路线、行驶方向和指挥信号的限制。易错点是：行驶方向和指挥信号的限制。

6. 关于N选项涉及的知识点，考核的要点是：其他车辆、船舶以及行人应当让行，不得穿插超越。

7. 关于R选项涉及的知识点，值得注意的是：火灾发生地的人民政府给予补偿，而不是相应的劳动报酬。

8. 关于本考点的考核形式，考生可以通过下面的例题进行学习准备。

根据《消防法》的规定，下列关于灭火救援的说法，正确的是（C）。

A. 乡镇人民政府应当组织有关部门针对本行政区域内的火灾特点制定应急预案，提供装备等保障

B. 单位、个人为火灾报警提供便利的，应获得适当报酬

C. 任何单位发生火灾，必须立即组织力量扑救，邻近单位应当给予支援

D. 公安机关消防机构统一组织和指挥火灾现场扑救，应当优先保障国家财产安全

9. 关于本考点的学习，考生还应掌握的是火灾现场总指挥的权限。火灾现场总指挥根据扑救火灾的需要，有权决定下列事项：

（1）使用各种水源；

（2）截断电力、可燃气体和可燃液体的输送，限制用火用电；

（3）划定警戒区，实行局部交通管制；

（4）利用临近建筑物和有关设施；

（5）为了抢救人员和重要物资，防止火势蔓延，拆除或者破损毗邻火灾现场的建筑物、构筑物或者设施等；

（6）调动供水、供电、供气、通信、医疗救护、交通运输、环境保护等有关单位协助灭火救援。

考点6　违反《消防法》的法律责任

（题干）企事业单位违反《消防法》的下列情形中，应责令改正，处五千元以上五万元以下罚款的是（ABCDEFG）。

A. 消防设施、器材或者消防安全标志的配置、设置不符合国家标准、行业标准，或者未保持完好有效的

B. 损坏、挪用或者擅自拆除、停用消防设施、器材的

C. 占用、堵塞、封闭疏散通道、安全出口或者有其他妨碍安全疏散行为的

D. 埋压、圈占、遮挡消火栓或者占用防火间距的

E. 占用、堵塞、封闭消防车通道，妨碍消防车通行的

F. 人员密集场所在门窗上设置影响逃生和灭火救援的障碍物的

G. 对火灾隐患经消防救援机构通知后不及时采取措施消除的

H. 指使或者强令他人违反消防安全规定，冒险作业的

I. 过失引起火灾的

J. 在火灾发生后阻拦报警，或者负有报告职责的人员不及时报警的

K. 扰乱火灾现场秩序，或者拒不执行火灾现场指挥员指挥，影响灭火救援的

L. 故意破坏或者伪造火灾现场的

M. 擅自拆封或者使用被消防救援机构查封的场所、部位的

N. 依法应当进行消防设计审查的建设工程，未经依法审查或者审查不合格，擅自施工的

O. 依法应当进行消防验收的建设工程，未经消防验收或者消防验收不合格，擅自投入使用的

P. 公众聚集场所未经消防安全检查或者经检查不符合消防安全要求，擅自投入使用、营业的

Q. 阻碍消防救援机构的工作人员依法执行职务的

R. 违反有关消防技术标准和管理规定生产、储存、运输、销售、使用、销毁易燃易爆危险品的

S. 非法携带易燃易爆危险品进入公共场所或者乘坐公共交通工具的

T. 谎报火警的

U. 阻碍消防车、消防艇执行任务的

细说考点

基于上述备选项，本考点还可能考核的题目有：

(1) 根据《消防法》，个人有（BCDE）行为，处警告或者五百元以下罚款。

(2) 根据《消防法》，有（CDEF）行为，经责令改正拒不改正的，强制执行，所需费用由违法行为人承担。

(3) 违反《消防法》的规定，有（HIJKLM）行为，尚不构成犯罪的，处十日以上十五日以下拘留，可以并处五百元以下罚款；情节较轻的，处警告或者五百元以下罚款。

(4) 违反《消防法》的规定，有（NOP）行为，由住房和城乡建设主管部门、消防救援机构按照各自职权责令停止施工、停止使用或者停产停业，并处三万元以上三十万元以下罚款。

(5) 根据《消防法》，有（QRSTU）行为，依照《治安管理处罚法》的规定处罚。

专题五
《道路交通安全法》

可考题目及题型

考点1 机动车、非机动车

(题干)根据《道路交通安全法》,关于机动车、非机动车的说法中,正确的有（ABCDEFGHIJKLMN）。

A. 国家对机动车实行登记制度

B. 机动车经公安机关交通管理部门登记后,方可上道路行驶

C. 公安机关交通管理部门应当自受理申请机动车登记之日起五个工作日内完成机动车登记审查工作

D. 申请机动车登记时,应当接受对该机动车的安全技术检验

E. 驾驶机动车上道路行驶,应当悬挂机动车号牌,放置检验合格标志、保险标志

F. 驾驶机动车上道路行驶,应随车携带机动车行驶证

G. 不得故意遮挡、污损机动车号牌

H. 任何单位和个人不得收缴、扣留机动车号牌

I. 对登记后上道路行驶的机动车,应定期进行安全技术检验

J. 机动车安全技术检验实行社会化的地方,任何单位不得要求机动车到指定的场所进行检验

K. 公安机关交通管理部门、机动车安全技术检验机构不得要求机动车到指定的场所进行维修、保养

L. 国家实行机动车强制报废制度

M. 警车、消防车、救护车、工程救险车应当按照规定喷涂标志图案,安装警报器、标志灯具

N. 国家实行机动车第三者责任强制保险制度,设立道路交通事故社会救助基金

细说考点

1. 关于C选项涉及的知识点,还可以"根据《道路交通安全法》,公安机关交通管理部门应当自受理申请机动车登记之日起（　　）个工作日内完成机动车登记审查工作"的形式进行单项选择题的考核。

2. H、J、K选项涉及的知识点为易错知识点,复习过程中应熟练掌握。

3. 关于本考点的学习，考生还应掌握的内容主要有：

(1) 根据《道路交通安全法》，有下列情形之一的，应当办理相应的登记：

① 机动车所有权发生转移的；

② 机动车登记内容变更的；

③ 机动车用作抵押的；

④ 机动车报废的。

(2) 根据《道路交通安全法》，任何单位或者个人不得有下列行为：

① 拼装机动车或者擅自改变机动车已登记的结构、构造或者特征；

② 改变机动车型号、发动机号、车架号或者车辆识别代号；

③ 伪造、变造或者使用伪造、变造的机动车登记证书、号牌、行驶证、检验合格标志、保险标志；

④ 使用其他机动车的登记证书、号牌、行驶证、检验合格标志、保险标志。

考点 2　机动车驾驶人

（题干）根据《道路交通安全法》，关于机动车驾驶人的说法中，正确的有（ABCDEFGHIJ）。

A. 持有境外机动车驾驶证的人，符合国务院公安部门规定的驾驶许可条件，经公安机关交通管理部门考核合格的，可以发给中国的机动车驾驶证

B. 驾驶机动车时，应当随身携带机动车驾驶证

C. 公安机关交通管理部门以外的任何单位或者个人，不得收缴、扣留机动车驾驶证

D. 机动车的驾驶培训实行社会化

E. 任何国家机关以及驾驶培训和考试主管部门不得举办或者参与举办驾驶培训学校、驾驶培训班

F. 驾驶人驾驶机动车上道路行驶前，应当对机动车的安全技术性能进行认真检查

G. 饮酒、服用国家管制的精神药品或者麻醉药品的人，不得驾驶机动车

H. 过度疲劳影响安全驾驶的，不得驾驶机动车

I. 公安机关交通管理部门对机动车驾驶人违反道路交通安全法律、法规的行为，除依法给予行政处罚外，实行累积记分制度

J. 在一年内无累积记分的机动车驾驶人，可以延长机动车驾驶证的审验期

细说考点

1. 关于 A 选项涉及的知识点，还可以"根据《道路交通安全法》，持有境外机动车驾驶证的人，符合国务院公安部门规定的驾驶许可条件，经（　　）考核合格的，可以发给中国的机动车驾驶证"的形式进行单项选择题的考核。

2. E选项涉及的知识点为易错知识点，复习过程中应熟练掌握。
3. 关于J选项涉及的知识点，应注意时间限制。

考点3 道路通行条件

（题干）根据《道路交通安全法》，下列有关道路通行条件的说法，正确的有（ABCDEFGHIJKLMNOPQRSTUVWX）。

A. 交通信号包括交通信号灯、交通标志、交通标线和交通警察的指挥
B. 根据通行需要，应当及时增设、调换、更新道路交通信号
C. 增设、调换、更新限制性的道路交通信号，应当提前向社会公告，广泛进行宣传
D. 交通信号灯由红灯、绿灯、黄灯组成
E. 在城市道路范围内，在不影响行人、车辆通行的情况下，政府有关部门可以施划停车泊位
F. 黄灯表示警示
G. 对未中断交通的施工作业道路，公安机关交通管理部门应当加强交通安全监督检查，维护道路交通秩序
H. 铁路与道路平面交叉的道口，应当设置警示灯、警示标志
I. 铁路与道路平面交叉的道口，应当设置安全防护设施
J. 无人看守的铁路道口，应当在距道口一定距离处设置警示标志
K. 任何单位和个人不得擅自设置、移动、占用、损毁交通信号灯、交通标志、交通标线
L. 道路两侧及隔离带上种植的树木或者其他植物，不得遮挡路灯、交通信号灯、交通标志
M. 道路两侧设置的广告牌、管线，应当与交通设施保持必要的距离
N. 道路两侧及隔离带上种植的树木或者其他植物，不得妨碍安全视距，不得影响通行
O. 公安机关交通管理部门发现已经投入使用的道路存在交通事故频发路段，或者停车场、道路配套设施存在交通安全严重隐患的，应当及时向当地人民政府报告
P. 道路出现坍塌、坑槽、水毁、隆起等损毁的，道路、交通设施的养护部门或者管理部门应当设置警示标志并及时修复
Q. 交通信号灯、交通标志、交通标线等交通设施损毁、灭失的，道路、交通设施的养护部门或者管理部门应当设置警示标志并及时修复
R. 未经许可，任何单位和个人不得占用道路从事非交通活动
S. 学校、幼儿园、医院、养老院门前的道路没有行人过街设施的，应当施划人行横道线，设置提示标志
T. 城市主要道路的人行道，应当按照规划设置盲道
U. 因工程建设需要占用、挖掘道路，影响交通安全的，除应当事先征得道路主管部门

的同意外，还应当征得公安机关交通管理部门的同意

V.跨越、穿越道路架设、增设管线设施的，影响交通安全的，除应当事先征得道路主管部门的同意外，还应当征得公安机关交通管理部门的同意

W.施工作业单位应在距离施工作业地点来车方向安全距离处设置明显的安全警示标志，采取防护措施

X.施工作业完毕，应当迅速清除道路上的障碍物，消除安全隐患，经道路主管部门和公安机关交通管理部门验收合格，符合通行要求后，方可恢复通行

> **细说考点**
>
> 1.关于E选项涉及的知识点，需要注意的是可以施划停车泊位的主体。
>
> 2.关于H、I选项涉及的知识点，考核要点为：设置警示灯、警示标志和安全防护设施。
>
> 3.关于L选项涉及的知识点，考核要点为：不得遮挡路灯、交通信号灯、交通标志。
>
> 4.关于P选项涉及的知识点，还可以"根据《道路交通安全法》，道路出现坍塌、坑槽、水毁、隆起等损毁的，（　　）应当设置警示标志并及时修复"的形式进行单项选择题的考核。
>
> 5.关于U、V选项涉及的知识点，应注意的是：除应当事先征得道路主管部门的同意外，影响交通安全的，还应当征得公安机关交通管理部门的同意。
>
> 6.关于X选项涉及的知识点，还可以"根据《道路交通安全法》，施工作业完毕，应当迅速清除道路上的障碍物，消除安全隐患，经（　　）验收合格，符合通行要求后，方可恢复通行"的形式进行单项选择题的考核。

考点4　道路通行一般规定

(题干) 根据《道路交通安全法》，关于道路通行一般规定的说法中，正确的有（ABCDEF）。

A.道路划设专用车道的，在专用车道内，只准许规定的车辆通行

B.根据道路条件和通行需要，道路划分为机动车道、非机动车道和人行道的，机动车、非机动车、行人实行分道通行

C.没有划分机动车道、非机动车道和人行道的，机动车在道路中间通行，非机动车和行人在道路两侧通行

D.在没有交通信号的道路上，应当在确保安全、畅通的原则下通行

E.遇有大型群众性活动、大范围施工等情况，需要采取限制交通的措施，或者作出与公众的道路交通活动直接有关的决定，应当提前向社会公告

F.遇有自然灾害、恶劣气象条件或者重大交通事故等严重影响交通安全的情形，采取其他措施难以保证交通安全时，公安机关交通管理部门可以实行交通管制

> **细说考点**
> 1. 关于E选项涉及的知识点，需要注意的是提前向社会公告。
> 2. 本考点的考核相对简单，在复习过程中简单了解即可。

考点5　机动车通行规定

（题干）根据《道路交通安全法》，同车道行驶的机动车，后车应当与前车保持足以采取紧急制动措施的安全距离。有（ABCDEF）情形，不得超车。

A. 前车正在左转弯、掉头、超车的
B. 与对面来车有会车可能的
C. 前车为执行紧急任务的警车、消防车的
D. 前车为执行紧急任务的救护车、工程救险车的
E. 行经铁路道口、交叉路口、窄桥、弯道、陡坡路段等没有超车条件的
F. 行经市区交通流量大的路段等没有超车条件的

> **细说考点**
> 1. 关于本考点的学习，考生还应掌握的内容见下表。

项目	内容
交叉路口行驶	应当按照交通信号灯、交通标志、交通标线或者交通警察的指挥通过；通过没有交通信号灯、交通标志、交通标线或者交通警察指挥的交叉路口时，应当减速慢行，并让行人和优先通行的车辆先行
排队等候或者缓慢行驶	机动车遇有前方车辆停车排队等候或者缓慢行驶时，不得借道超车或者占用对面车道，不得穿插等候的车辆。 在车道减少的路段、路口，或者在没有交通信号灯、交通标志、交通标线或者交通警察指挥的交叉路口遇到停车排队等候或者缓慢行驶时，机动车应当依次交替通行
铁路道口行驶	没有交通信号或者管理人员的，应当减速或者停车，在确认安全后通过
机动车载物行驶	符合核定的载质量，严禁超载；载物的长、宽、高不得违反装载要求，不得遗洒、飘散载运物。 机动车运载超限的不可解体的物品，影响交通安全的，应当按照公安机关交通管理部门指定的时间、路线、速度行驶，悬挂明显标志。 机动车载运爆炸物品、易燃易爆化学物品以及剧毒、放射性等危险物品，应当经公安机关批准后，按指定的时间、路线、速度行驶，悬挂警示标志并采取必要的安全措施

续表

项目	内容
机动车载人行驶	机动车载人不得超过核定的人数，客运机动车不得违反规定载货。禁止货运机动车载客
拖拉机行驶	高速公路、大中城市中心城区内的道路，禁止拖拉机通行。在允许拖拉机通行的道路上，拖拉机可以从事货运，但是不得用于载人

2.关于机动车通行规定的考核，也可以小案例的形式进行考核，现将交叉路口行驶的考核形式举例如下：

郑某驾驶机动车到一交叉路口时，发现没有信号灯也没有交通警察，路面也没有交通标志、标线。根据《道路交通安全法》等法律法规，郑某通过该路口的正确做法是（C）。

A. 见其他车辆和行人，进入路口后加速通过
B. 欲左转弯，应尽快在对面直行的车辆前通过
C. 进入路口前停车瞭望，让右方道路的来车先行
D. 发现前车行驶速度较慢，加速超越通行

考点6　车辆通行的车速限制

（题干）根据《道路交通安全法》，残疾人机动轮椅车、电动自行车在非机动车道内行驶时，最高时速不得超过（A）公里。

A. 15　　　　　　　　　　　　　　B. 70
C. 120

细说考点

1.基于上述备选项，本考点还可能考核的题目有：

（1）根据《道路交通安全法》，设计最高时速低于（B）公里的机动车，不得进入高速公路。

（2）根据《道路交通安全法》，高速公路限速标志标明的最高时速不得超过（C）公里。

2.关于车辆通行的车速限制也可以和其他相关知识相结合进行综合性的考核，现举例如下：

根据《道路交通安全法》，下列关于车辆通行的说法中，正确的是（B）。

A. 机动车装载爆炸物品应当按最短路线和公安机关指定的时间、速度行驶，悬挂警示标志并采取必要的安全措施

B. 高速公路限速标志标明的最高时速不得超过120公里

C. 电动自行车在非机动车道内行驶时，最高时速不得超过20公里

D. 全挂拖斗车驶入高速公路，最高时速不得超过70公里

考点7 高速公路的特别规定

(题干) 根据《道路交通安全法》，不得进入高速公路的有（ABCDEFG）。

A. 行人

B. 非机动车

C. 拖拉机

D. 轮式专用机械车

E. 铰接式客车

F. 全挂拖斗车

G. 设计最高时速低于70公里的机动车

细说考点

关于本考点的学习，考生还应掌握的内容有：

(1) 机动车在高速公路上发生故障或者交通事故，无法正常行驶的，应当由救援车、清障车拖曳、牵引。

(2) 任何单位、个人不得在高速公路上拦截检查行驶的车辆，<u>公安机关的人民警察依法执行紧急公务除外</u>。

考点8 特殊车辆的行驶限制

(题干) 根据《道路交通安全法》，警车、消防车、救护车、工程救险车执行紧急任务时，可以使用警报器、标志灯具；在确保安全的前提下，不受（ABCD）的限制，其他车辆和行人应当让行。

A. 行驶路线

B. 行驶方向

C. 行驶速度

D. 信号灯

细说考点

1. 基于上述备选项，本考点还可能考核的题目有：

根据《道路交通安全法》，道路养护车辆、工程作业车进行作业时，在不影响过往车辆通行的前提下，其（AB）不受交通标志、标线限制，过往车辆和人员应当注意避让。

2. 关于本考点的学习，考生还应掌握如下内容：

洒水车、清扫车等机动车应当按照安全作业标准作业；在不影响其他车辆通行的情况下，可以不受车辆分道行驶的限制，但是不得逆向行驶。

考点9　机动车发生交通事故造成人身伤亡、财产损失的赔偿责任

(题干) 根据《道路交通安全法》，机动车发生交通事故造成人身伤亡、财产损失的，由保险公司在机动车第三者责任强制保险责任限额范围内予以赔偿；不足的部分，(ABCDEFG)。

A. 机动车之间发生交通事故的，由有过错的一方承担赔偿责任

B. 机动车之间发生交通事故，双方都有过错的，按照各自过错的比例分担责任

C. 机动车与非机动车驾驶人发生交通事故，非机动车驾驶人没有过错的，由机动车一方承担赔偿责任

D. 机动车与行人之间发生交通事故，行人没有过错的，由机动车一方承担赔偿责任

E. 有证据证明非机动车驾驶人有过错的，根据过错程度适当减轻机动车一方的赔偿责任

F. 有证据证明行人有过错的，根据过错程度适当减轻机动车一方的赔偿责任

G. 机动车一方没有过错的，承担不超过10%的赔偿责任

> **细说考点**
>
> 1. 关于G选项涉及的知识点，还可以"根据《道路交通安全法》，机动车发生交通事故造成人身伤亡、财产损失的，由保险公司在机动车第三者责任强制保险责任限额范围内予以赔偿，不足部分，若机动车一方没有过错的，(　　)"的形式进行单项选择题的考核。
>
> 2. 关于本考点的学习，考生还需要重点掌握的是：交通事故的损失是由非机动车驾驶人、行人故意碰撞机动车造成的，机动车一方不承担赔偿责任。

考点10　交通事故处理

(题干) 根据《道路交通安全法》，车辆发生交通事故后逃逸的，事故现场目击人员和其他知情人员应当向 (A) 举报。

A. 公安机关交通管理部门　　　　　　B. 人民法院

C. 保险公司　　　　　　　　　　　　D. 道路交通事故社会救助基金

> **细说考点**
>
> 1. 基于上述备选项，本考点还可能考核的题目有：
>
> (1) 根据《道路交通安全法》，对交通事故损害赔偿的争议，当事人可以请求 (A) 调解。
>
> (2) 根据《道路交通安全法》，对当事人的生理、精神状况等专业性较强的检验，(A) 应当委托专门机构进行鉴定。

(3) 根据《道路交通安全法》，对交通事故损害赔偿的争议，当事人可以直接向（B）提起民事诉讼。

(4) 根据《道路交通安全法》，肇事车辆参加机动车第三者责任强制保险的，由（C）在责任限额范围内支付抢救费用。

(5) 根据《道路交通安全法》，未参加机动车第三者责任强制保险或者肇事后逃逸的，由（D）先行垫付部分或者全部抢救费用。

2.关于本考点的学习，考生还应掌握的内容有：

(1) 公安机关交通管理部门应当根据交通事故现场勘验、检查、调查情况和有关的检验、鉴定结论，及时制作交通事故认定书，作为处理交通事故的证据。交通事故认定书应当载明交通事故的基本事实、成因和当事人的责任，并送达当事人。

(2) 医疗机构对交通事故中的受伤人员应当及时抢救，不得因抢救费用未及时支付而拖延救治。

考点11 违反《道路交通安全法》的法律责任

(题干) 根据《道路交通安全法》，行为人有（ABCDEFGHI）情形，由公安机关交通管理部门处二百元以上二千元以下罚款。

A. 未取得机动车驾驶证或机动车驾驶证被吊销后驾驶机动车的

B. 机动车驾驶证被暂扣期间驾驶机动车的

C. 将机动车交由机动车驾驶证被吊销、暂扣的人驾驶的

D. 造成交通事故后逃逸，尚不构成犯罪的

E. 机动车行驶超过规定时速50%的

F. 违反交通管制的规定强行通行，不听劝阻的

G. 故意损毁、移动、涂改交通设施，造成危害后果，尚不构成犯罪的

H. 非法拦截、扣留机动车辆，不听劝阻，造成交通严重阻塞或者较大财产损失的

I. 强迫机动车驾驶人违反道路交通安全法律、法规和机动车安全驾驶要求驾驶机动车，造成交通事故，尚不构成犯罪的

J. 伪造、变造的机动车登记证书、号牌、行驶证、驾驶证的

K. 使用伪造、变造的机动车登记证书、号牌、行驶证、驾驶证的

L. 伪造、变造检验合格标志、保险标志的

M. 使用伪造、变造的检验合格标志、保险标志的

N. 使用其他车辆的机动车登记证书、号牌、行驶证、检验合格标志、保险标志的

O. 饮酒后驾驶机动车的

P. 因饮酒后驾驶机动车被处罚，再次饮酒后驾驶机动车的

Q. 醉酒驾驶机动车的

R. 饮酒后驾驶营运机动车的

S. 醉酒驾驶营运机动车的

T. 饮酒后或者醉酒驾驶机动车发生重大交通事故,构成犯罪的

细说考点

基于上述备选项,本考点还可能考核的题目有:

(1) 根据《道路交通安全法》,行为人有(CE)情形,除由公安机关交通管理部门处二百元以上二千元以下罚款外,可以并处吊销机动车驾驶证。

(2) 根据《道路交通安全法》,行为人有(ABDFGHI)情形,除由公安机关交通管理部门处二百元以上二千元以下罚款外,可以并处十五日以下拘留。

(3) 根据《道路交通安全法》,行为人有(JK)情形,由公安机关交通管理部门予以收缴,扣留该机动车,处十五日以下拘留,并处二千元以上五千元以下罚款。

(4) 根据《道路交通安全法》,行为人有(LM)情形,由公安机关交通管理部门予以收缴,扣留该机动车,处十日以下拘留,并处一千元以上三千元以下罚款。

(5) 根据《道路交通安全法》,行为人有(N)情形,由公安机关交通管理部门予以收缴,扣留该机动车,处二千元以上五千元以下罚款。

(6) 根据《道路交通安全法》,行为人有(O)情形,处暂扣六个月机动车驾驶证,并处一千元以上二千元以下罚款。

(7) 根据《道路交通安全法》,行为人有(P)情形,处十日以下拘留,并处一千元以上二千元以下罚款,吊销机动车驾驶证。

(8) 根据《道路交通安全法》,行为人有(Q)情形,由公安机关交通管理部门约束至酒醒,吊销机动车驾驶证,依法追究刑事责任;五年内不得重新取得机动车驾驶证。

(9) 根据《道路交通安全法》,行为人有(R)情形,处十五日拘留,并处五千元罚款,吊销机动车驾驶证;五年内不得重新取得机动车驾驶证。

(10) 根据《道路交通安全法》,行为人有(S)情形,由公安机关交通管理部门约束至酒醒,吊销机动车驾驶证,依法追究刑事责任;十年内不得重新取得机动车驾驶证,重新取得机动车驾驶证后,不得驾驶营运机动车。

(11) 根据《道路交通安全法》,行为人有(T)情形,依法追究刑事责任,并由公安机关交通管理部门吊销机动车驾驶证,终生不得重新取得机动车驾驶证。

专题六
《特种设备安全法》

可考题目及题型

考点1 特种设备生产、经营、使用的一般规定

（题干）根据《特种设备安全法》，关于特种设备生产、经营、使用一般规定的说法中，正确的有（ABCDEFG）。

A.特种设备生产、经营、使用单位及其主要负责人对其生产、经营、使用的特种设备安全负责

B.特种设备生产、经营、使用单位对其生产、经营、使用的特种设备应当进行自行检测和维护保养

C.特种设备采用新材料、新技术、新工艺，与安全技术规范的要求不一致的，可能对安全性能有重大影响的，应当向国务院负责特种设备安全监督管理的部门申报

D.特种设备采用新材料、新技术、新工艺，安全技术规范未作要求、可能对安全性能有重大影响的，应当向国务院负责特种设备安全监督管理的部门申报

E.国家鼓励投保特种设备安全责任保险

F.特种设备安全管理人员、检测人员和作业人员应当按照国家有关规定取得相应资格，方可从事相关工作

G.特种设备生产、经营、使用单位应当按照国家有关规定配备特种设备安全管理人员、检测人员和作业人员，并对其进行必要的安全教育和技能培训

细说考点

1.关于A选项涉及的知识点，考核的要点为：主要负责人。

2.关于C选项涉及的知识点，还可以"根据《特种设备安全法》，特种设备采用新材料、新技术、新工艺，与安全技术规范的要求不一致的，可能对安全性能有重大影响的，应当向（　　）申报"的形式进行单项选择题的考核。

3.本考点涉及的知识较为简单，考生进行简单了解即可。

考点2 特种设备生产安全的规定

（题干）根据《特种设备安全法》，关于特种设备生产安全的说法中，正确的有（ABC

DEFGHIJKLMNO)。

A. 国家按照分类监督管理的原则对特种设备生产实行许可制度

B. 特种设备生产单位应当保证特种设备生产符合安全技术规范及相关标准的要求，对其生产的特种设备的安全性能负责

C. 锅炉、气瓶、氧舱的设计文件，应当经负责特种设备安全监督管理的部门核准的检验机构鉴定，方可用于制造

D. 客运索道、大型游乐设施的设计文件，应当经负责特种设备安全监督管理的部门核准的检验机构鉴定，方可用于制造

E. 试制的特种设备新产品、新部件，按照安全技术规范的要求需要通过型式试验进行安全性验证的，应当经负责特种设备安全监督管理的部门核准的检验机构进行型式试验

F. 特种设备出厂时，应当随附安全技术规范要求的设计文件、产品质量合格证明、安装及使用维护保养说明、监督检验证明等相关技术资料和文件

G. 电梯的安装、改造、修理，必须由电梯制造单位或者其委托的依照《特种设备安全法》取得相应许可的单位进行

H. 电梯制造单位对电梯安全性能负责

I. 特种设备安装、改造、修理的施工单位应当在施工前将拟进行的特种设备安装、改造、修理情况书面告知直辖市或者设区的市级人民政府负责特种设备安全监督管理的部门

J. 特种设备安装、改造、修理竣工后，安装、改造、修理的施工单位应当在验收后30日内将相关技术资料和文件移交特种设备使用单位

K. 特种设备使用单位应当将安装、改造、修理的相关技术资料和文件存入该特种设备的安全技术档案

L. 锅炉、压力容器、压力管道元件等特种设备的制造过程，未经特种设备检验机构监督检验，不得出厂

M. 国家建立缺陷特种设备召回制度

N. 电梯、起重机械、客运索道、大型游乐设施的安装、改造、重大修理过程，经特种设备检验机构监督检验不合格的，不得交付使用

O. 锅炉、压力容器、压力管道的安装、改造、重大修理过程，经特种设备检验机构监督检验不合格的，不得交付使用

细说考点

1. 关于B选项涉及的知识点，考核的要点为：生产单位。该处的干扰选项通常会设置为使用单位，复习过程中应注意区分。

2. 关于C选项涉及的知识点，还可以"根据《特种设备安全法》，锅炉、气瓶、氧舱的设计文件，应当经（　　）核准的检验机构鉴定，方可用于制造"的形式进行单项选择题的考核。另一个关键点还可以"根据《特种设备安全法》，（　　）的设计文件，应当经负责特种设备安全监督管理的部门核准的检验机构鉴定，方可用于制造"的形式进行多项选择题的考核。

3. 关于E选项涉及的知识点，还可以"根据《特种设备安全法》，试制的特种设备新产品、新部件，按照安全技术规范的要求需要通过型式试验进行安全性验证的，应当经（　　）进行型式试验"的形式进行单项选择题的考核。

4. 关于F选项涉及的知识点，还可以"根据《特种设备安全法》，特种设备出厂时，应当随附（　　）"的形式进行多项选择题的考核。

5. 关于I选项涉及的知识点，考核要点为：书面告知直辖市或者设区的市级人民政府负责特种设备安全监督管理的部门。

6. 关于J选项涉及的知识点，"30日内"这一时限是考核的要点。

7. 关于本考点的学习，考生还应掌握的特种设备生产单位应当具备的条件。特种设备生产单位应当具备下列条件，并经负责特种设备安全监督管理的部门许可，方可从事生产活动：

(1) 有与生产相适应的专业技术人员；

(2) 有与生产相适应的设备、设施和工作场所；

(3) 有健全的质量保证、安全管理和岗位责任等制度。

考点3　特种设备经营安全的规定

（题干）根据《特种设备安全法》，特种设备销售单位销售的特种设备，应当符合安全技术规范及相关标准的要求，其（ABCDE）应当齐全。

A. 设计文件　　　　　　　　　　B. 产品质量合格证明
C. 安装及使用维护保养说明　　　　D. 监督检验证明
E. 相关技术资料和文件

细说考点

1. 关于本考点的学习，考生还应掌握的内容有：

(1) 特种设备销售单位应当建立特种设备检查验收和销售记录制度。

(2) 特种设备在出租期间的使用管理和维护保养义务由特种设备出租单位承担，法律另有规定或者当事人另有约定的除外。

(3) 进口特种设备随附的技术资料和文件中，安装及使用维护保养说明、产品铭牌、安全警示标志及其说明应当采用中文。

(4) 进口特种设备，应当向进口地负责特种设备安全监督管理的部门履行提前告知义务。

2. 关于本考点的另一种考核形式，举例如下：

根据《特种设备安全法》，下列关于特种设备经营的说法，正确的是（B）。

A. 特种设备在出租期间的使用管理义务由承租单位承担，法律另有规定的除外

B. 特种设备在出租期间的维护保养义务由出租单位承担，当事人另有约定的除外

C. 经营企业销售未经检验的特种设备，应当报经特种设备安全监管部门批准

D. 进口特种设备的安装及使用维护保养说明，应当采用中文和英文两种文字

考点4 特种设备使用安全的规定

（题干）根据《特种设备安全法》，关于特种设备使用安全的说法，正确的有（ABCDEFGHIJK）。

A. 特种设备使用单位应当在特种设备投入使用前或者投入使用后三十日内，向负责特种设备安全监督管理的部门办理使用登记

B. 特种设备使用单位应当按照安全技术规范的要求，在检验合格有效期届满前一个月向特种设备检验机构提出定期检验要求

C. 特种设备属于共有的，共有人可以委托物业服务单位管理特种设备

D. 特种设备属于共有的，共有人可以委托其他管理人管理特种设备

E. 特种设备使用单位应当对其使用的特种设备进行经常性维护保养和定期自行检查，并作出记录

F. 电梯、客运索道、大型游乐设施等为公众提供服务的特种设备的运营使用单位，应当对特种设备的使用安全负责

G. 特种设备作业人员在作业过程中发现事故隐患或者其他不安全因素，应当立即向特种设备安全管理人员和单位有关负责人报告

H. 客运索道、大型游乐设施在每日投入使用前，其运营使用单位应当进行试运行和例行安全检查

I. 特种设备进行改造、修理，按照规定需要变更使用登记的，应当办理变更登记，方可继续使用

J. 电梯、客运索道、大型游乐设施的运营使用单位应当将电梯、客运索道、大型游乐设施的安全使用说明、安全注意事项和警示标志置于易于为乘客注意的显著位置

K. 电梯的维护保养单位应当对其维护保养的电梯的安全性能负责

细说考点

1. 关于A选项涉及的知识点，还可以"根据《特种设备安全法》，特种设备使用单位应当在特种设备投入使用前或者投入使用后（　　）内，向负责特种设备安全监督管理的部门办理使用登记"的形式进行单项选择题的考核。

2. 关于B选项涉及的知识点，期满前一个月是值得注意的点。

3. 关于C、D选项涉及的知识点，容易以反向描述进行考核。

4. 关于E选项涉及的知识点，考核要点在于"使用单位"和"经常性维护保养和定期自行检查"。

5. 关于F选项涉及的知识点，考核要点在于"运营使用单位"。

6.关于G选项涉及的知识点,还可以"根据《特种设备安全法》,特种设备作业人员在作业过程中发现事故隐患或者其他不安全因素,应当立即向(　　)报告"的形式进行单项选择题的考核。

7.关于本考点的学习,考生还应掌握的内容主要有:

(1)特种设备使用单位应当建立特种设备安全技术档案。安全技术档案应当包括以下内容:

① 特种设备的设计文件、产品质量合格证明、安装及使用维护保养说明、监督检验证明等相关技术资料和文件;

② 特种设备的定期检验和定期自行检查记录;

③ 特种设备的日常使用状况记录;

④ 特种设备及其附属仪器仪表的维护保养记录;

⑤ 特种设备的运行故障和事故记录。

(2)移动式压力容器、气瓶充装单位,应当具备下列条件,并经负责特种设备安全监督管理的部门许可,方可从事充装活动:

① 有与充装和管理相适应的管理人员和技术人员;

② 有与充装和管理相适应的充装设备、检测手段、场地厂房、器具、安全设施;

③ 有健全的充装管理制度、责任制度、处理措施。

考点5　特种设备检验、检测的规定

(题干)根据《特种设备安全法》,关于特种设备检验、检测的说法,正确的有(ABCDEFGHIJ)。

A.特种设备检验、检测机构的检验、检测人员应当经考核,取得检验、检测人员资格,方可从事检验、检测工作

B.特种设备检验、检测机构的检验、检测人员不得同时在两个以上检验、检测机构中执业

C.特种设备检验、检测机构的检验、检测人员变更执业机构的,应当依法办理变更手续

D.特种设备检验、检测机构及其检验、检测人员应当依法为特种设备生产、经营、使用单位提供安全、可靠、便捷、诚信的检验、检测服务

E.特种设备检验、检测机构及其检验、检测人员应当客观、公正、及时地出具检验、检测报告,并对检验、检测结果和鉴定结论负责

F.特种设备检验、检测机构及其检验、检测人员在检验、检测中发现特种设备存在严重事故隐患时,应当及时告知相关单位,并立即向负责特种设备安全监督管理的部门报告

G.特种设备生产、经营、使用单位应当按照安全技术规范的要求向特种设备检验、检测机构及其检验、检测人员提供特种设备相关资料和必要的检验、检测条件,并对资料的真

实性负责

H.特种设备检验、检测机构及其检验、检测人员对检验、检测过程中知悉的商业秘密，负有保密义务

I.特种设备检验、检测机构及其检验、检测人员不得从事有关特种设备的生产、经营活动，不得推荐特种设备

J.特种设备检验、检测机构及其检验、检测人员不得监制、监销特种设备

> **细说考点**
>
> 1.关于F选项涉及的知识点，还可以"根据《特种设备安全法》，特种设备检验、检测机构及其检验、检测人员在检验、检测中发现特种设备存在严重事故隐患时，应当（　　）"的形式进行考核。
>
> 2.应试中，关于B、I、J选项的考核，易进行反向描述，也将是高频考点，复习过程中应注意掌握。
>
> 3.本考点涉及的知识点，也可以小案例形式进行考核，举例如下：
>
> 受甲公司委托，乙锅炉压力容器检测检验站委派具有检验资格的张某，到甲公司对一200m³的球型液氧储罐进行检测检验。该球罐是由丙公司制造、丁施工公司安装的。根据《特种设备安全法》的规定，下列关于张某检测和执业的说法，正确的是（C）。
>
> A.检验发现球罐有重大缺陷，张某应当立即向当地安全监管部门报告
>
> B.张某检验球罐所需的技术资料，应由丙公司和丁公司提供，并对资料的真实性负责
>
> C.甲公司需要购置新球罐的，张某不得向其推荐产品
>
> D.张某经批准可以同时在两个检测、检验机构中执业

考点6　特种设备安全监察部门的职责

（题干） 根据《特种设备安全法》，负责特种设备安全监督管理的部门在依法履行监督检查职责时，可以行使的职权包括（ABCDEFGH）。

A.进入现场进行检查

B.向特种设备生产、经营、使用单位的主要负责人和其他有关人员调查、了解有关情况

C.向特种设备检验、检测机构的主要负责人和其他有关人员调查、了解有关情况

D.对流入市场的达到报废条件的特种设备实施查封

E.对流入市场已经报废的特种设备实施扣押

F.对违反《特种设备安全法》规定的行为作出行政处罚决定

G.对有证据表明不符合安全技术规范要求或者存在严重事故隐患的特种设备实施查封、扣押

H. 根据举报或者取得的涉嫌违法证据，查阅、复制特种设备生产、经营、使用单位和检验、检测机构的有关合同、发票、账簿以及其他有关资料

> **细说考点**
>
> 关于本考点的学习，考生还应掌握的内容有：
> (1) 负责特种设备安全监督管理的部门应当对学校、幼儿园以及医院、车站、客运码头、商场、体育场馆、展览馆、公园等公众聚集场所的特种设备，实施重点安全监督检查。该处易以多项选择题的形式进行考核。
> (2) 负责特种设备安全监督管理的部门在办理《特种设备安全法》规定的许可时，其受理、审查、许可的程序必须公开，并应当自受理申请之日起<u>三十日</u>内，作出许可或者不予许可的决定；不予许可的，应当书面向申请人说明理由。
> (3) 负责特种设备安全监督管理的部门在依法履行职责过程中，发现重大违法行为或者特种设备存在严重事故隐患时，应当责令有关单位<u>立即停止违法行为、采取措施消除事故隐患</u>，并及时向上级负责特种设备安全监督管理的部门报告。

考点7 特种设备监察执法的规定

(题干) 根据《特种设备安全法》，关于特种设备监察执法的说法中，正确的有（ABCDEF）。
A. 特种设备安全监察人员应当忠于职守、坚持原则、秉公执法
B. 负责特种设备安全监督管理的部门实施安全监督检查时，应当有两名以上特种设备安全监察人员参加
C. 负责特种设备安全监督管理的部门实施安全监督检查时，应当出示有效的特种设备安全行政执法证件
D. 负责特种设备安全监督管理的部门对特种设备生产、经营实施监督检查，应当作出记录
E. 被检查单位的有关负责人拒绝在检查记录上签字的，特种设备安全监察人员应当将情况记录在案
F. 特种设备安全监督检查记录应由参加监督检查的特种设备安全监察人员和被检查单位的有关负责人签字后归档

> **细说考点**
>
> 1. 关于B选项涉及的知识点，考核的要点是两名以上，若仅一名特种设备安全监察人员参加，则不合法。
> 2. 关于C选项涉及的知识点，"出示有效的特种设备安全行政执法证件"也是执法的必要程序。
> 3. 关于F选项涉及的知识点，还可以"根据《特种设备安全法》，特种设备安全监督检查记录应由（　　）签字后归档"的形式进行考核。

考点8 特种设备的事故应急救援与调查处理规定

（题干）根据《特种设备安全法》，对（AB），国务院负责特种设备安全监督管理的部门应当立即报告国务院并通报国务院安全生产监督管理部门等有关部门。

A. 特别重大事故　　　　　　　　B. 重大事故
C. 较大事故　　　　　　　　　　D. 一般事故

> **细说考点**
>
> 1. 基于上述备选项，本考点还可能考核的题目有：
> (1) 根据《特种设备安全法》，国务院负责特种设备安全监督管理的部门应当依法组织制定特种设备（AB）应急预案，报国务院批准后纳入国家突发事件应急预案体系。
> (2) 根据《特种设备安全法》，特种设备发生（A），由国务院或者国务院授权有关部门组织事故调查组进行调查。
> (3) 根据《特种设备安全法》，特种设备发生（B），由国务院负责特种设备安全监督管理的部门会同有关部门组织事故调查组进行调查。
> (4) 根据《特种设备安全法》，特种设备发生（C），由省、自治区、直辖市人民政府负责特种设备安全监督管理的部门会同有关部门组织事故调查组进行调查。
> (5) 根据《特种设备安全法》，特种设备发生（D），由设区的市级人民政府负责特种设备安全监督管理的部门会同有关部门组织事故调查组进行调查。
>
> 2. 关于［细说考点］1.中的（2）～（5）知识点的考核，也可以给出事故等级，让考生分析判断由哪一部门组织事故调查组进行调查。
>
> 3. 关于本考点的学习，考生还应掌握的内容主要有：
> (1) 县级以上人民政府负责特种设备安全监督管理的部门接到事故报告，应当尽快核实情况，立即向<u>本级人民政府</u>报告，并按照规定逐级上报。必要时，负责特种设备安全监督管理的部门可以越级上报事故情况。
> (2) 组织事故调查的部门应当将事故调查报告报本级人民政府，并报上一级人民政府负责特种设备安全监督管理的部门备案。

考点9 特种设备安全违法行为应负的法律责任

（题干）违反《特种设备安全法》的规定，特种设备使用单位有（ABCDEFGH）行为，责令限期改正；逾期未改正的，责令停止使用有关特种设备，处一万元以上十万元以下罚款。

A. 使用特种设备未按照规定办理使用登记的
B. 未按照安全技术规范的要求进行锅炉水（介）质处理的

C. 未制定特种设备事故应急专项预案的

D. 未对其使用的特种设备进行经常性维护保养和定期自行检查的

E. 未按照安全技术规范的要求及时申报并接受检验的

F. 未建立特种设备安全技术档案或者安全技术档案不符合规定要求的

G. 未依法设置使用登记标志、定期检验标志的

H. 未对其使用的特种设备的安全附件、安全保护装置进行定期校验、检修，并作出记录的

I. 使用未取得许可生产，未经检验或者检验不合格的特种设备

J. 使用国家明令淘汰、已经报废的特种设备的

K. 特种设备出现故障或者发生异常情况，未对其进行全面检查、消除事故隐患，继续使用的

L. 特种设备存在严重事故隐患，无改造、修理价值，未依法履行报废义务，并办理使用登记证书注销手续的

M. 特种设备达到安全技术规范规定的其他报废条件，未依法履行报废义务，并办理使用登记证书注销手续的

N. 未配备具有相应资格的特种设备安全管理人员、检测人员和作业人员的

O. 使用未取得相应资格的人员从事特种设备安全管理、检测和作业的

P. 未对特种设备安全管理人员、检测人员和作业人员进行安全教育和技能培训的

Q. 泄露检验、检测过程中知悉的商业秘密的

R. 未按照安全技术规范的要求进行检验、检测的

S. 从事有关特种设备的生产、经营活动的

T. 未经核准或者超出核准范围、使用未取得相应资格的人员从事检验、检测的

U. 推荐或者监制、监销特种设备的

V. 出具虚假的检验、检测结果和鉴定结论的

W. 出具的检验、检测结果和鉴定结论严重失实的

X. 发现特种设备存在严重事故隐患，未及时告知相关单位，并立即向负责特种设备安全监督管理的部门报告的

Y. 利用检验工作故意刁难相关单位的

> **细说考点**
>
> 基于上述备选项，本考点还可能考核的题目有：
>
> （1）违反《特种设备安全法》的规定，特种设备使用单位有（IJKLM）行为，责令停止使用有关特种设备，处三万元以上三十万元以下罚款。
>
> （2）违反《特种设备安全法》的规定，特种设备生产、经营、使用单位有（NOP）情形，责令限期改正；逾期未改正的，责令停止使用有关特种设备或者停产停业整顿，处一万元以上五万元以下罚款。

(3) 违反《特种设备安全法》的规定,特种设备检验、检测机构及其检验、检测人员有(QRSTUVWXY)行为,责令改正,对机构处五万元以上二十万元以下罚款,对直接负责的主管人员和其他直接责任人员处五千元以上五万元以下罚款;情节严重的,吊销机构资质和有关人员的资格。

专题七
《刑法》和《最高人民法院、最高人民检察院关于办理危害生产安全刑事案件适用法律若干问题的解释》

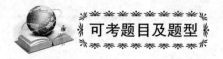
可考题目及题型

考点　生产经营单位及其有关人员犯罪及其刑事责任

（题干）某矿井井下工人在工作时发现矿井通风设备出现故障，遂向当班副矿长报告。副矿长因急于下班回家，未及时安排人员维修，导致瓦斯聚集发生爆炸，造成21人死亡、1人重伤。根据《刑法》的规定，副矿长的行为构成（A）。

A. 重大责任事故罪　　　　　　　　B. 强令违章冒险作业罪
C. 重大劳动安全事故罪　　　　　　D. 大型群众性活动重大安全事故罪
E. 不报、谎报安全事故罪

细说考点

1. 基于上述备选项，本考点还可能考核的题目有：

（1）某技改煤矿生产矿长助理张某，在明知井下瓦斯传感器位置不当，不能准确检测瓦斯数据，安全生产存在重大隐患情况下，仍强行组织超过技改矿下井人数限制的大批工人下井作业，最终导致6人死亡的严重后果。根据《刑法》的有关规定，张某的行为构成（B）。

（2）陈某承包经营的电镀厂，未按照国家标准为电镀设备安装漏电保护装置，导致2名工人作业时触电死亡。根据《刑法》的规定，陈某的行为构成（C）。

（3）某煤矿发生透水事故，当场死亡5人，主管安全生产的副总经理李某未向有关部门报告，贻误了事故抢险救援的时机，又导致3人死亡。根据《刑法》及相关规定，李某的行为构成（E）。

（4）举办大型群众性活动违反安全管理规定，因而发生重大伤亡事故或者造成其他严重后果的，根据《刑法》的有关规定，责任人的行为构成（D）。

2. 关于本考点的另一种考核形式为：给出具体违法行为，让考生分析判断违法行为应具体承担的法律责任。举例如下：

某矿山现场指挥作业的负责人赵某在未采取足够安全保障措施的情况下，不顾工人的反对意见，强令工人从事爆破作业，造成1人死亡、3人重伤的事故。根据《刑法》的有关规定，下列关于赵某应负刑事责任的说法中，正确的是（C）。

A. 处 3 年以下有期徒刑或者拘役
B. 处 3 年以上 7 年以下有期徒刑
C. 处 5 年以下有期徒刑或者拘役
D. 处 5 年以上有期徒刑

3. 关于本考点的学习，考生还应掌握《刑法》关于生产经营单位及其有关人员犯罪的具体法律规定，详见下表。

罪名	构成及其法律责任	犯罪主体
重大责任事故罪	在生产、作业中违反有关安全管理的规定，因而发生重大伤亡事故或者造成其他严重后果的，处三年以下有期徒刑或者拘役；情节特别恶劣的，处三年以上七年以下有期徒刑	对生产、作业负有组织、指挥或者管理职责的负责人、管理人员、实际控制人、投资人等人员，以及直接从事生产、作业的人员
强令违章冒险作业罪	强令他人违章冒险作业，因而发生重大伤亡事故或者造成其他严重后果的，处五年以下有期徒刑或者拘役；情节特别恶劣的，处五年以上有期徒刑	对生产、作业负有组织、指挥或者管理职责的负责人、管理人员、实际控制人、投资人等人员
重大劳动安全事故罪	安全生产设施或者安全生产条件不符合国家规定，因而发生重大伤亡事故或者造成其他严重后果的，对直接负责的主管人员和其他直接责任人员，处三年以下有期徒刑或者拘役；情节特别恶劣的，处三年以上七年以下有期徒刑	对安全生产设施或者安全生产条件不符合国家规定负有直接责任的生产经营单位负责人、管理人员、实际控制人、投资人，以及其他对安全生产设施或者安全生产条件负有管理、维护职责的人员
大型群众性活动重大安全事故罪	举办大型群众性活动违反安全管理规定，因而发生重大伤亡事故或者造成其他严重后果的，对直接负责的主管人员和其他直接责任人员，处三年以下有期徒刑或者拘役；情节特别恶劣的，处三年以上七年以下有期徒刑	大型群众活动的策划者、组织者和举办者以及对大型活动的安全举行、紧急预案负有具体落实和执行职责的人员
不报、谎报安全事故罪	在安全事故发生后，负有报告职责的人员不报或者谎报事故情况，贻误事故抢救，情节严重的，处三年以下有期徒刑或者拘役；情节特别严重的，处三年以上七年以下有期徒刑	负有组织、指挥或者管理职责的负责人、管理人员、实际控制人、投资人，以及其他负有报告职责的人员

专题八
《劳动法》

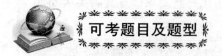
可考题目及题型

考点1 劳动安全卫生的规定

（题干）根据《劳动法》，关于劳动安全卫生的说法中，正确的有（ABCDEFGHIJK）。

A.用人单位必须建立、健全劳动安全卫生制度，严格执行国家劳动安全卫生规程和标准

B.用人单位必须对劳动者进行劳动安全卫生教育，防止劳动过程中的事故，减少职业危害

C.新建、改建、扩建工程的劳动安全卫生设施必须与主体工程同时设计、同时施工、同时投入生产和使用

D.对从事有职业危害作业的劳动者应当定期进行健康检查

E.用人单位必须为劳动者提供必要的劳动防护用品

F.从事特种作业的劳动者必须经过专门培训并取得特种作业资格

G.劳动者对用人单位管理人员违章指挥的，有权拒绝执行

H.劳动者对用人单位管理人员强令冒险作业法，有权拒绝执行

I.用人单位管理人员的指挥及明令，危害劳动者生命安全和身体健康的行为，劳动者有权提出批评、检举和控告

J.劳动安全卫生设施必须符合国家规定的标准

K.国家建立伤亡事故和职业病统计报告和处理制度

> **细说考点**
>
> 1.关于C选项涉及的知识点，还可以"根据《劳动法》，新建、改建、扩建工程的劳动安全卫生设施必须与主体工程（　　）"的形式进行考核。
>
> 2.G、H、I选项是劳动者的权利。

考点2 女职工和未成年工的特殊保护

（题干）根据《劳动法》，关于女职工和未成年工特殊保护的说法中，正确的是（ABCDEFGHIJKLMNOPQRST）。

A. 国家对女职工和未成年工实行特殊劳动保护

B. 未成年工是指年满十六周岁未满十八周岁的劳动者

C. 禁止安排女职工从事矿山井下的劳动

D. 禁止安排女职工从事国家规定的第四级体力劳动强度的劳动

E. 禁止安排女职工从事禁忌从事的劳动

F. 不得安排女职工在经期从事高处、低温、冷水作业

G. 不得安排女职工在经期从事国家规定的第三级体力劳动强度的劳动

H. 不得安排女职工在怀孕期间从事国家规定的第三级体力劳动强度的劳动

I. 不得安排女职工在怀孕期间从事孕期禁忌从事的劳动

J. 对怀孕七个月以上的女职工，不得安排其延长工作时间

K. 对怀孕七个月以上的女职工，不得安排其夜班劳动

L. 女职工生育享受不少于九十天的产假

M. 不得安排女职工在哺乳未满一周岁的婴儿期间从事国家规定的第三级体力劳动强度的劳动

N. 不得安排女职工在哺乳未满一周岁的婴儿期间从事哺乳期禁忌从事的劳动

O. 女职工在哺乳未满一周岁的婴儿期间，不得延长其工作时间

P. 不得安排女职工在哺乳未满一周岁的婴儿期间从事夜班劳动

Q. 不得安排未成年工从事矿山井下的劳动

R. 不得安排未成年工从事有毒有害的劳动

S. 不得安排未成年工从事国家规定的第四级体力劳动强度的劳动

T. 用人单位应当对未成年工定期进行健康检查

细说考点

1. 关于 B 选项涉及的知识点中，满十六周岁未满十八周岁是需要熟记的要点。

2. 关于 C 选项涉及的知识点，可能会以"某矿山企业临时安排女职工到井下工作 1d"的形式进行错误表述，从而干扰考生的判断。

3. 关于 F 选项涉及的知识点，可能会以"某食品公司安排女职工在例假期间从事冷库搬运作业"的形式进行错误表述，从而干扰考生的判断。

4. 关于 D、G、H、M、S 选项涉及的知识点中，劳动强度等级是关键，区分第三级和第四级劳动强度等级也很简单，D、S 选项为正常情形，则禁止第四级劳动强度的劳动。G、H、M 选项分别为经期、孕期、哺乳期，限制更为严格，保护更到位，则禁止第三级劳动强度的劳动。

5. 关于女职工禁止延长其工作时间和夜班劳动的关键点是：怀孕七个月以上和哺乳未满一周岁的婴儿期间。

6. 关于 J 选项涉及的知识点，可能会以"某翻译公司安排已怀孕 8 个月的女职工本周每天加班 1h"的形式进行错误表述。

7. 关于 L 选项涉及的知识点，还可以"根据《劳动法》，女职工生育享受不少于

（　　）天的产假"的形式进行单项选择题的考核。在这里需要提示的是：根据《女职工劳动保护特别规定》，女职工生育享受98天产假，其中产前可以休假15天；难产的，增加产假15天；生育多胞胎的，每多生育1个婴儿，增加产假15天。考生作答过程中一定要考虑到具体的法律依据。

8. 关于P选项涉及的知识点，可能会以"某医院安排女护士（孩子5个月大）值夜班"的形式进行错误表述。

9. 关于本考点的考核，多进行反向表述，即以小案例的形式，具体落实到安排女职工或未成年工做的工作，让考生判断其是否符合《劳动法》。现举例如下：

某公司有女职工和未成年工。根据《劳动法》，下列对女职工和未成年工特殊保护的做法中，正确的是（B）。

A. 该公司安排17周岁员工李某从事矿山井下的劳动
B. 该公司安排16周岁员工王某从事第二级体力劳动强度的后勤保障工作
C. 该公司安排女职工金某生育期间休两个月的产假
D. 该公司安排怀孕七个月以上的女职工胡某夜班劳动

10. 关于本考点的学习，考生还要对《女职工劳动保护特别规定》的相关内容有所掌握，现将需要补充的考核要点归纳整理如下：

（1）每小时负重6次以上、每次负重超过20公斤的作业，或者间断负重、每次负重超过25公斤的作业同样属于女职工禁忌从事的劳动范围。

（2）用人单位应当在每天的劳动时间内为哺乳期女职工安排1小时哺乳时间；女职工生育多胞胎的，每多哺乳1个婴儿每天增加1小时哺乳时间。

考点3　社会保险和福利

（题干） 根据《劳动法》，劳动者在（ABCDEFG）的情形下，依法享受社会保险待遇。

A. 退休　　　　　　　　　　　B. 患病
C. 负伤　　　　　　　　　　　D. 因工伤残
E. 因工患职业病　　　　　　　F. 失业
G. 生育

细说考点

关于本考点的学习，考生还应掌握的内容主要有：

（1）用人单位和劳动者必须依法参加社会保险，缴纳社会保险费。
（2）劳动者死亡后，其遗属依法享受遗属津贴。
（3）任何组织和个人不得挪用社会保险基金。

考点4　劳动安全卫生监督检查

（题干） 根据《劳动法》，关于劳动安全卫生监督检查的说法中，正确的有（ABCDEF）。

A. 县级以上各级人民政府劳动行政部门监督检查人员执行公务，有权进入用人单位了解执行劳动法律、法规的情况

B. 县级以上各级人民政府劳动行政部门监督检查人员执行公务，有权进入用人单位查阅必要的资料

C. 县级以上各级人民政府劳动行政部门监督检查人员执行公务，有权对用人单位的劳动场所进行检查

D. 监督检查人员执行公务，必须出示证件

E. 各级工会依法维护劳动者的合法权益，对用人单位遵守劳动法律、法规的情况进行监督

F. 县级以上各级人民政府劳动行政部门依法对用人单位违反劳动法律、法规的行为有权制止，并责令改正

> **细说考点**
>
> 1. 关于A选项涉及的知识点，还可以"根据《劳动法》，有权进入用人单位了解劳动法律、法规执行情况的主体是（　　）"的形式进行单项选择题的考核。
>
> 2. 关于F选项涉及的知识点，还可以"根据《劳动法》，县级以上各级人民政府劳动行政部门依法对用人单位违反劳动法律、法规的行为有权（　　）"的形式进行考核。

考点5　用人单位违反《劳动法》的法律责任

（题干） 根据《劳动法》，用人单位有（ABCD）情形，由劳动行政部门责令支付劳动者的工资报酬、经济补偿，并可以责令支付赔偿金。

A. 克扣或者无故拖欠劳动者工资的

B. 拒不支付劳动者延长工作时间工资报酬的

C. 低于当地最低工资标准支付劳动者工资的

D. 解除劳动合同后，未依照《劳动法》规定给予劳动者经济补偿的

E. 强令劳动者违章冒险作业，发生重大伤亡事故，造成严重后果的

F. 非法招用未满十六周岁的未成年人的

G. 以暴力、威胁或者非法限制人身自由的手段强迫劳动的

H. 侮辱、体罚、殴打、非法搜查和拘禁劳动者的

I. 招用尚未解除劳动合同的劳动者，对原用人单位造成经济损失的

细说考点

基于上述备选项,本考点还可能考核的题目有:

(1) 根据《劳动法》,用人单位(E),对责任人员依法追究刑事责任。

(2) 根据《劳动法》,用人单位(F),由劳动行政部门责令改正,处以罚款;情节严重的,由市场监督管理部门吊销营业执照。

(3) 根据《劳动法》,用人单位有(GH)行为,由公安机关对责任人员处以十五日以下拘留、罚款或者警告;构成犯罪的,对责任人员依法追究刑事责任。

(4) 根据《劳动法》,用人单位(I),该用人单位应当依法承担连带赔偿责任。

专题九
《劳动合同法》

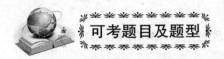
可考题目及题型

考点1 劳动合同的订立

（题干）根据《劳动合同法》，关于劳动合同订立的说法，正确的有（ABCDEFGH）。

A. 用人单位自用工之日起即与劳动者建立劳动关系

B. 用人单位招用劳动者，不得扣押劳动者的居民身份证和其他证件

C. 用人单位招用劳动者，不得要求劳动者提供担保

D. 用人单位招用劳动者，不得向劳动者收取财物

E. 用人单位自用工之日起满一年不与劳动者订立书面劳动合同的，视为用人单位与劳动者已订立无固定期限劳动合同

F. 建立劳动关系，应当订立书面劳动合同

G. 已建立劳动关系，未同时订立书面劳动合同的，应当自用工之日起一个月内订立书面劳动合同

H. 用人单位与劳动者在用工前订立劳动合同的，劳动关系自用工之日起建立

细说考点

1. 关于 A 选项涉及的知识点，考核要点为：用工之日。

2. 关于 F 选项涉及的知识点，考核要点为：书面劳动合同。

3. 关于 G 选项涉及的知识点，还可以"根据《劳动合同法》，已建立劳动关系，未同时订立书面劳动合同的，应当自用工之日起（ ）订立书面劳动合同"的形式进行单项选择题的考核。

4. 学习劳动合同的订立当然要对其种类有所了解，劳动合同分为固定期限劳动合同、无固定期限劳动合同和以完成一定工作任务为期限的劳动合同。

5. 关于本考点的学习，考生还应掌握的内容有：

有下列情形之一，劳动者提出或者同意续订、订立劳动合同的，除劳动者提出订立固定期限劳动合同外，应当订立无固定期限劳动合同：

(1) 劳动者在该用人单位连续工作满十年的；

(2) 用人单位初次实行劳动合同制度或者国有企业改制重新订立劳动合同时，劳动者在该用人单位连续工作满十年且距法定退休年龄不足十年的；

（3）连续订立二次固定期限劳动合同，且劳动者没有《劳动合同法》第三十九条和第四十条第一项、第二项规定的情形，续订劳动合同的。

考点 2　劳动合同的内容

（题干）根据《劳动合同法》，劳动合同应当具备的条款包括（ABCDEFGHIJ）。
A. 用人单位的名称、住所和法定代表人或者主要负责人
B. 劳动者的姓名、住址和居民身份证或者其他有效身份证件号码
C. 劳动合同期限
D. 社会保险
E. 职业危害防护
F. 工作内容和工作地点
G. 劳动保护
H. 劳动报酬
I. 工作时间和休息休假
J. 劳动条件
K. 试用期
L. 培训
M. 保守秘密
N. 补充保险
O. 福利待遇

细说考点

基于上述备选项，本考点还可能考核的题目有：
根据《劳动合同法》，劳动合同除必备条款外，用人单位与劳动者可以约定的事项包括（KLMNO）。

考点 3　劳动合同的试用期

（题干）根据《劳动合同法》，劳动合同期限三个月以上不满一年的，试用期不得超过（A）。
A. 一个月　　　　　　　　　B. 二个月
C. 三个月　　　　　　　　　D. 六个月

细说考点

1.基于上述备选项，本考点还可能考核的题目有：
（1）根据《劳动合同法》，劳动合同期限一年以上不满三年的，试用期不得超过（B）。

(2) 根据《劳动合同法》，三年以上固定期限的劳动合同，试用期不得超过（D）。

(3) 根据《劳动合同法》，无固定期限的劳动合同，试用期不得超过（D）。

(4) 根据《劳动合同法》，以完成一定工作任务为期限的劳动合同或者劳动合同期限不满（C）的，不得约定试用期。

2. 关于本考点的学习，考生还应掌握的内容有：

(1) 同一用人单位与同一劳动者只能约定一次试用期。

(2) 试用期包含在劳动合同期限内。

(3) 劳动合同仅约定试用期的，试用期不成立，该期限为劳动合同期限。

(4) 劳动者在试用期的工资不得低于本单位相同岗位最低档工资或者劳动合同约定工资的 80%，并不得低于用人单位所在地的最低工资标准。

考点4 服务期与竞业限制

（题干）根据《劳动合同法》，关于服务期与竞业限制的说法中，正确的有（ABCDEFGHI）。

A. 用人单位为劳动者提供专项培训费用，对其进行专业技术培训的，可以与该劳动者订立协议，约定服务期

B. 劳动者违反服务期约定的，应当按照约定向用人单位支付违约金

C. 用人单位与劳动者约定服务期的，不影响按照正常的工资调整机制提高劳动者在服务期间的劳动报酬

D. 用人单位与劳动者可以在劳动合同中约定保守用人单位的商业秘密和与知识产权相关的保密事项

E. 对负有保密义务的劳动者，用人单位可以在劳动合同或者保密协议中与劳动者约定竞业限制条款

F. 劳动者违反竞业限制约定的，应当按照约定向用人单位支付违约金

G. 竞业限制的人员限于用人单位的高级管理人员、高级技术人员和其他负有保密义务的人员

H. 竞业限制的范围、地域、期限由用人单位与劳动者约定，竞业限制的约定不得违反法律、法规的规定

I. 竞业限制的期限，不得超过二年

细说考点

1. 关于G选项涉及的知识点，还可以"根据《劳动合同法》，竞业限制的人员限于（　）"的形式进行多项选择题的考核。

2. 关于I选项涉及的知识点，二年的限制是要熟记的内容。

考点5 　劳动合同的履行和变更

（题干）根据《劳动合同法》，关于劳动合同的履行和变更的说法，正确的有（ABCDEFG）。

A. 用人单位应当严格执行劳动定额标准，不得强迫或者变相强迫劳动者加班

B. 劳动者拒绝用人单位管理人员违章指挥、强令冒险作业的，不视为违反劳动合同

C. 劳动者对危害生命安全和身体健康的劳动条件，有权对用人单位提出批评、检举和控告

D. 用人单位变更名称、法定代表人、主要负责人或者投资人等事项，不影响劳动合同的履行

E. 用人单位发生合并或者分立等情况，原劳动合同继续有效

F. 变更劳动合同，应当采用书面形式

G. 用人单位拖欠或者未足额支付劳动报酬的，劳动者可以依法向当地人民法院申请支付令

细说考点

1. 关于B选项涉及的知识点，还可以"根据《劳动合同法》，劳动者拒绝用人单位管理人员违章指挥的，应当视为（　　）"的形式进行单项选择题的考核。

2. 关于C选项涉及的知识点中，需要考生注意的是"危害生命安全和身体健康"的限制。

3. 关于D选项涉及的知识点，还可以"根据《劳动合同法》，用人单位变更（　　）等事项，不影响劳动合同的履行"的形式进行多项选择题的考核。

4. 关于G选项涉及的知识点，需要掌握的是受理主体：人民法院。

考点6 　劳动者解除劳动合同

（题干）根据《劳动合同法》，用人单位有（ABCDEFGH）情形，劳动者需提前30日以书面形式通知用人单位方可解除劳动合同。

A. 未按照劳动合同约定提供劳动保护或者劳动条件的

B. 未及时足额支付劳动报酬的

C. 用人单位的规章制度违反法律、法规的规定，损害劳动者权益的

D. 未依法为劳动者缴纳社会保险费的

E. 因一方以欺诈、胁迫的手段，使对方在违背真实意思的情况下订立的劳动合同

F. 因一方乘人之危，使对方在违背真实意思的情况下订立的劳动合同

G. 用人单位免除自己的法定责任、排除劳动者权利导致劳动合同无效的

H. 违反法律、行政法规强制性规定订立的劳动合同

I. 以暴力、威胁的手段强迫劳动者劳动的

J. 非法限制人身自由的手段强迫劳动者劳动的

K. 违章指挥，危及劳动者人身安全的

L. 强令冒险作业，危及劳动者人身安全的

> **细说考点**
>
> 1. 基于上述备选项，本考点还可能考核的题目有：
> (1) 根据《劳动合同法》，用人单位有（IJKL）情形，劳动者可以立即解除劳动合同，不需事先告知用人单位。
> (2) 根据《劳动合同法》，有（ABCDEFGHIJKL）情形，用人单位应当向劳动者支付经济补偿。
> 2. 关于本考点的学习，考生还应掌握的内容有：
> (1) 用人单位与劳动者协商一致，可以解除劳动合同。
> (2) 劳动者在试用期内提前三日通知用人单位，可以解除劳动合同。
> (3) 经济补偿按劳动者在本单位工作的年限，每满一年支付一个月工资的标准向劳动者支付。六个月以上不满一年的，按一年计算；不满六个月的，向劳动者支付半个月工资的经济补偿。
> (4) 劳动者月工资高于用人单位所在直辖市、设区的市级人民政府公布的本地区上年度职工月平均工资三倍的，向其支付经济补偿的标准按职工月平均工资三倍的数额支付，向其支付经济补偿的年限最高不超过十二年。

考点7 用人单位解除劳动合同

（题干）根据《劳动合同法》，劳动者有（ABCDEFG）情形，用人单位无需提前30日通知也无需额外支付1个月工资即可解除劳动合同。

A. 在试用期间被证明不符合录用条件的

B. 严重违反用人单位的规章制度的

C. 严重失职，给用人单位造成重大损害的

D. 营私舞弊，给用人单位造成重大损害的

E. 劳动者同时与其他用人单位建立劳动关系，对完成本单位的工作任务造成严重影响，或者经用人单位提出，拒不改正的

F. 被依法追究刑事责任的

G. 以欺诈、胁迫的手段，使单位在违背真实意思的情况下订立或者变更劳动合同的

H. 劳动者患病或者非因工负伤，在规定的医疗期满后不能从事原工作，也不能从事由用人单位另行安排的工作的

I. 劳动者不能胜任工作，经过培训或者调整工作岗位，仍不能胜任工作的

J. 劳动合同订立时所依据的客观情况发生重大变化，致使劳动合同无法履行，经用人单

位与劳动者协商，未能就变更劳动合同内容达成协议的

K. 从事接触职业病危害作业的劳动者未进行离岗前职业健康检查的

L. 疑似职业病病人在诊断或者医学观察期间的

M. 在本单位患职业病或者因工负伤并被确认丧失或者部分丧失劳动能力的

N. 患病或者非因工负伤，在规定的医疗期内的

O. 女职工在孕期、产期、哺乳期的

P. 在本单位连续工作满十五年，且距法定退休年龄不足五年的

细说考点

1. 基于上述备选项，本考点还可能考核的题目有：

（1）根据《劳动合同法》，有（HIJ）情形，用人单位提前30日以书面形式通知劳动者本人或者额外支付劳动者1个月工资后，可以解除劳动合同。

（2）劳动者有（KLMNOP）情形，用人单位不得依照《劳动合同法》第四十条、第四十一条的规定解除劳动合同。

2. 本考点的另一种考核形式即为小案例的考核形式，现举例如下：

（1）甲、乙、丙、丁均是某煤矿企业的员工，根据《劳动合同法》的规定，下列关于劳动合同解除的说法，正确的是（C）。

  A. 企业如果强令甲冒险作业并危及其人身安全，甲有权拒绝作业，但不能立即解除劳动合同

  B. 乙非因工负伤，在规定的医疗期内，企业可以和乙解除劳动合同

  C. 丙为疑似职业病病人，目前正在诊断期间，企业此时不能解除劳动合同

  D. 丁经过企业培训后仍然不能胜任现在的工作，企业提前10d以书面形式通知丁后，可以解除劳动合同

（2）根据《劳动合同法》，劳动者与用人单位签订劳动合同后，如果劳动者不能从事或者胜任工作，致使劳动合同无法履行的，用人单位额外支付劳动者最低（D）个月工资后，可以解除劳动合同。

  A. 5   B. 3

  C. 2   D. 1

3. 关于本考点的学习，考生还应掌握裁减人员的相关知识。裁减人员时，应当优先留用下列人员：

（1）与本单位订立较长期限的固定期限劳动合同的；

（2）与本单位订立无固定期限劳动合同的；

（3）家庭无其他就业人员，有需要扶养的老人或者未成年人的。

用人单位裁减人员的，在六个月内重新招用人员的，应当通知被裁减的人员，并在同等条件下优先招用被裁减的人员。

考点8 劳动合同的监督检查

（题干） 根据《劳动合同法》，县级以上地方人民政府劳动行政部门依法对（ABCDEF）实施劳动合同制度的情况进行监督检查。

A. 用人单位制定直接涉及劳动者切身利益的规章制度及其执行的情况
B. 用人单位参加各项社会保险和缴纳社会保险费的情况
C. 用人单位支付劳动合同约定的劳动报酬和执行最低工资标准的情况
D. 劳务派遣单位和用工单位遵守劳务派遣有关规定的情况
E. 用人单位与劳动者订立和解除劳动合同的情况
F. 用人单位遵守国家关于劳动者工作时间和休息休假规定的情况

> **细说考点**
>
> 1. 本考点的考核相对简单，复习过程中进行简单了解即可。
> 2. 关于本考点的学习，考生还应掌握工会的监督职权。工会依法维护劳动者的合法权益，对用人单位履行劳动合同、集体合同的情况进行监督。用人单位违反劳动法律、法规和劳动合同、集体合同的，工会有权提出意见或者要求纠正；劳动者申请仲裁、提起诉讼的，工会依法给予支持和帮助。

考点9 违反《劳动合同法》的法律责任

（题干） 根据《劳动合同法》，用人单位（A），应当向劳动者每月支付二倍的工资。

A. 自用工之日起超过一个月不满一年未与劳动者订立书面劳动合同的
B. 违反《劳动合同法》规定不与劳动者订立无固定期限劳动合同的
C. 违反《劳动合同法》规定与劳动者约定试用期的
D. 违反《劳动合同法》规定，扣押劳动者居民身份证等证件的
E. 违反《劳动合同法》规定，以担保或者其他名义向劳动者收取财物的
F. 未按照劳动合同的约定或者国家规定及时足额支付劳动者劳动报酬的
G. 低于当地最低工资标准支付劳动者工资的
H. 安排加班不支付加班费的
I. 解除或者终止劳动合同，未依照《劳动合同法》规定向劳动者支付经济补偿的
J. 以暴力、威胁或者非法限制人身自由的手段强迫劳动的
K. 违章指挥或者强令冒险作业危及劳动者人身安全的
L. 侮辱、体罚、殴打、非法搜查或者拘禁劳动者的
M. 劳动条件恶劣、环境污染严重，给劳动者身心健康造成严重损害的

细说考点

基于上述备选项，本考点还可能考核的题目有：

(1) 根据《劳动合同法》，用人单位 (B)，自应当订立无固定期限劳动合同之日起向劳动者每月支付二倍的工资。

(2) 根据《劳动合同法》，用人单位 (C)，由劳动行政部门责令改正。

(3) 根据《劳动合同法》，用人单位 (D)，由劳动行政部门责令限期退还劳动者本人。

(4) 根据《劳动合同法》，用人单位 (E)，由劳动行政部门责令限期退还劳动者本人，并以每人五百元以上二千元以下的标准处以罚款。

(5) 根据《劳动合同法》，用人单位有 (FGHI) 情形，由劳动行政部门责令限期支付。

(6) 根据《劳动合同法》，用人单位有 (JKLM) 情形，依法给予行政处罚；构成犯罪的，依法追究刑事责任；给劳动者造成损害的，应当承担赔偿责任。

专题十
《职业病防治法》

可考题目及题型

考点1 工作场所的职业卫生要求

(题干)根据《职业病防治法》,产生职业病危害的用人单位的设立除应当符合法律、行政法规规定的设立条件外,其工作场所还应当符合的职业卫生要求包括(**ABCDEF**)。

A. 职业病危害因素的强度或者浓度符合国家职业卫生标准
B. 有与职业病危害防护相适应的设施
C. 生产布局合理,符合有害与无害作业分开
D. 设备、工具、用具等设施符合保护劳动者生理、心理健康的要求
E. 有配套的更衣间、洗浴间、孕妇休息间等卫生设施
F. 法律、行政法规和国务院卫生行政部门关于保护劳动者健康的其他要求

> **细说考点**
>
> 1. 除上述考核形式外,还可以对每一选项进行考核,现举例如下:
> 根据《职业病防治法》的规定,产生职业病危害的用人单位的设立,除应当符合法律、行政法规规定的设立条件外,其作业场所布局应遵循的原则是(**C**)。
> A. 生产作业与储存作业分开　　　　B. 加工作业与包装作业分开
> C. 有害作业与无害作业分开　　　　D. 吊装作业与维修作业分开
> 2. 本考点的干扰选项还可设置为:"配备专业职业卫生医师和体检设备"等进行干扰性的考核。

考点2 职业病的前期预防

(题干)根据《职业病防治法》,关于职业病前期预防的说法中,正确的有(**ABCDEFGHIJKL**)。

A. 国家建立职业病危害项目申报制度
B. 用人单位工作场所存在职业病目录所列职业病的危害因素的,应当及时、如实向所在地卫生行政部门申报危害项目,接受监督
C. 新建、扩建、改建建设项目和技术改造、技术引进项目可能产生职业病危害的,建

67

设单位在可行性论证阶段应当进行职业病危害预评价

D. 医疗机构建设项目可能产生放射性职业病危害的，建设单位应当向卫生行政部门提交放射性职业病危害预评价报告

E. 卫生行政部门应当自收到预评价报告之日起三十日内，作出审核决定并书面通知建设单位

F. 医疗机构建设项目可能产生放射性职业病危害的，未提交预评价报告或者预评价报告未经卫生行政部门审核同意的，不得开工建设

G. 职业病危害预评价报告应当对建设项目可能产生的职业病危害因素及其对工作场所和劳动者健康的影响作出评价

H. 建设项目的职业病防护设施所需费用应当纳入建设项目工程预算，并与主体工程同时设计，同时施工，同时投入生产和使用

I. 医疗机构放射性职业病危害严重的建设项目的防护设施设计，应当经卫生行政部门审查同意后，方可施工

J. 医疗机构可能产生放射性职业病危害的建设项目竣工验收时，其放射性职业病防护设施经卫生行政部门验收合格后，方可投入使用

K. 卫生行政部门应当加强对建设单位组织的验收活动和验收结果的监督核查

L. 建设项目在竣工验收前，建设单位应当进行职业病危害控制效果评价

细说考点

1. 关于 B 选项涉及的知识点，还可以"根据《职业病防治法》，用人单位工作场所存在职业病目录所列职业病的危害因素的，应当及时、如实向所在地（　　）申报危害项目，接受监督"的形式进行单项选择题的考核。该处的错误选项可以设置为：公安部门、劳动部门等。

2. 关于 C 选项涉及的知识点，关键点有两个，其一的考核形式可以是"某汽车制造厂要进行整体搬迁，根据《职业病防治法》的规定，建设单位向安全监管部门提交职业病危害预评价报告的时间是（　　）"，该处的错误选项可以设置为：初步设计阶段、总体设计阶段和试运行阶段。现将另一关键点的考核形式举例如下：

根据《职业病防治法》的规定，新建煤化工项目的企业，应在项目的可行性论证阶段，针对尘毒危害的前期预防，向相关政府行政主管部门提交（B）。

A. 职业病危害评价报告　　　　　　B. 职业病危害预评价报告
C. 职业病危害因素评估报告　　　　D. 职业病控制论证报告

3. 关于 D 选项涉及的知识点，主要掌握的重点是提交报告的主体。

4. 关于 E 选项涉及的知识点，关键点为时限（30 日内）的要求。

5. 关于 F 选项涉及的知识点，还可以"根据《职业病防治法》，医疗机构建设项目可能产生放射性职业病危害的，未提交预评价报告或者预评价报告未经（　　）审核同意的，不得开工建设"的形式进行单项选择题的考核。

6. 关于 H 选项涉及的知识点，需要注意的是：同时设计，同时施工，同时投入生产和使用。

考点 3　用人单位的职业病防治措施、防护设施和用品

（题干）根据《职业病防治法》，用人单位应当采取的职业病防治管理措施包括（ABCDEF）。

A. 建立、健全职业病危害事故应急救援预案

B. 建立、健全职业卫生档案和劳动者健康监护档案

C. 建立、健全职业卫生管理制度和操作规程

D. 建立、健全工作场所职业病危害因素监测及评价制度

E. 制定职业病防治计划和实施方案

F. 设置或者指定职业卫生管理机构或者组织，配备专职或者兼职的职业卫生管理人员，负责本单位的职业病防治工作

细说考点

关于本考点的学习，考生还应掌握职业病防护设施和防护用品的相关规定，具体内容如下：

（1）用人单位必须采用有效的职业病防护设施，并为劳动者提供个人使用的职业病防护用品。

（2）用人单位为劳动者个人提供的职业病防护用品必须符合防治职业病的要求；不符合要求的，不得使用

考点 4　职业危害公告和警示

（题干）根据《职业病防治法》，产生职业病危害的用人单位，应当在醒目位置设置公告栏，公布的相关内容包括（ABCD）。

A. 有关职业病防治的规章制度

B. 有关职业病防治的操作规程

C. 职业病危害事故应急救援措施

D. 工作场所职业病危害因素检测结果

E. 报警装置

F. 配置现场急救用品

G. 配置现场冲洗设备

H. 配置应急撤离通道

I. 配置必要的泄险区

> **细说考点**
>
> 1. 基于上述备选项，本考点还可能考核的题目有：
>
> 根据《职业病防治法》，对可能发生急性职业损伤的有毒、有害工作场所，用人单位应当设置（EFGHI）。
>
> 2. 关于本考点的学习，考生还应掌握的内容主要有：
>
> （1）对产生严重职业病危害的作业岗位，应当在其醒目位置，设置<u>警示标识和中文警示说明</u>。警示说明应当载明产生职业病危害的种类、后果、预防以及应急救治措施等内容。
>
> （2）对放射工作场所和放射性同位素的运输、贮存，用人单位必须配置<u>防护设备和报警装置</u>，保证接触放射线的工作人员佩戴个人剂量计。
>
> （3）对职业病防护设备、应急救援设施和个人使用的职业病防护用品，<u>用人单位</u>应当进行经常性的维护、检修，定期检测其性能和效果，确保其处于正常状态，不得擅自拆除或者停止使用。

考点5 职业病危害因素的监测、检测、评价及治理

（题干）根据《职业病防治法》，关于职业病危害因素监测、检测、评价及治理的说法中，正确的有（ABCDEF）。

A. 用人单位应当实施由专人负责的职业病危害因素日常监测

B. 用人单位应当按照国务院卫生行政部门的规定，定期对工作场所进行职业病危害因素检测、评价

C. 检测、评价结果存入用人单位职业卫生档案，定期向所在地卫生行政部门报告并向劳动者公布

D. 职业病危害因素检测、评价由依法设立的取得国务院卫生行政部门或者设区的市级以上地方人民政府卫生行政部门按照职责分工给予资质认可的职业卫生技术服务机构进行

E. 发现工作场所职业病危害因素不符合国家职业卫生标准和卫生要求时，用人单位采取相应治理措施，仍然达不到国家职业卫生标准和卫生要求的，必须停止存在职业病危害因素的作业

F. 工作场职业病危害因素经治理后，符合国家职业卫生标准和卫生要求的，方可重新作业

> **细说考点**
>
> 1. 关于B选项涉及的知识点，考核的要点在于：国务院卫生行政部门。
>
> 2. 关于C选项涉及的知识点，还可以"根据《职业病防治法》，检测、评价结果存入用人单位职业卫生档案，定期向（　　）报告并向劳动者公布"的形式进行单项选择题的考核。

3. 关于 D 选项涉及的知识点，还可以"根据《职业病防治法》，职业病危害因素检测、评价由依法设立的取得（　　）给予资质认可的职业卫生技术服务机构进行"的形式进行考核。

4. 关于本考点的考核形式，也可以结合其他相关知识点进行综合性的考核，考生可以参考下面的例题进行准备：

根据《职业病防治法》的规定，下列关于劳动过程中的防护与管理的说法，正确的是（B）。

A. 用人单位应当每隔两年对工作场所进行职业病危害因素检测、评价，检测、评价结果存入用人单位职业卫生档案

B. 对可能发生急性职业损伤的有毒、有害工作场所，用人单位应当设置报警装置，配备现场急救用品、冲洗设备等

C. 职业病危害因素检测、评价由依法设立的县级以上安全监管部门认可的职业卫生技术服务机构进行

D. 发现工作场所职业病危害因素不符合国家职业卫生标准和卫生要求时，用人单位应当立即停止存在职业病危害因素的作业

考点 6　向用人单位提供可能产生职业危害的设备、化学原料及放射性物质的要求

（题干）根据《职业病防治法》，向用人单位提供可能产生职业危害的设备、化学原料及放射性物质的要求包括（**ABCDEFGH**）。

A. 向用人单位提供可能产生职业病危害的设备的，应当提供中文说明书

B. 向用人单位提供可能产生职业病危害的设备的，应在设备的醒目位置设置警示标识和中文警示说明

C. 向用人单位提供可能产生职业病危害的设备的，警示说明应当载明设备性能、可能产生的职业病危害、安全操作和维护注意事项、职业病防护以及应急救治措施等内容

D. 向用人单位提供可能产生职业病危害的化学品，应当提供中文说明书

E. 向用人单位提供可能产生职业病危害的放射性同位素，应当提供中文说明书

F. 向用人单位提供可能产生职业病危害，含有放射性物质的材料，应当提供中文说明书

G. 国内首次进口与职业病危害有关的化学材料，进口单位按照有关部门批准后，应当向国务院卫生行政部门报送该化学材料的毒性鉴定以及经有关部门登记注册或者批准进口的文件等资料

H. 国内首次使用与职业病危害有关的化学材料，使用单位按照有关部门批准后，应当向国务院卫生行政部门报送该化学材料的毒性鉴定以及经有关部门登记注册的文件等资料

细说考点

1. 关于 A、B 选项涉及的知识点，也可以综合起来进行考核，现举例如下：

根据《职业病防治法》，供应商向用人单位提供可能产生职业病危害的设备，应当在设备的醒目位置设置警示标志、中文警示说明，并提供（D）。

A. 卫生许可证书　　　　　　　　　B. 环境影响检测证书
C. 安全使用证书　　　　　　　　　D. 中文说明书

2. 关于 C 选项涉及的知识点，还可以"根据《职业病防治法》，向用人单位提供可能产生职业病危害的设备的，警示说明应当载明的内容包括（　　）"的形式进行多项选择题的考核。

3. 关于 D、E、F 选项涉及的知识点，考核要点均为：中文说明书。

4. 关于 G、H 选项涉及的知识点，考核要点为：国务院卫生行政部门。关于该知识点的考核形式可以是"根据《职业病防治法》的规定，国内首次进口与职业病危害有关的化学材料，进口单位应当向有关部门报送该化学材料毒性鉴定以及登记注册或者批准进口的文件等资料。受理上述文件资料的有关部门是（　　）"。

考点7　劳动合同的职业病危害内容

（题干） 根据《职业病防治法》，关于劳动合同的职业病危害内容的说法中，正确的有（ABCDEF）。

A. 某用人单位与劳动者订立劳动合同时，将工作过程中可能产生的职业病危害及其后果如实告知劳动者，并在劳动合同中写明

B. 某用人单位与劳动者订立劳动合同时，将工作过程中将职业病防护措施和待遇等如实告知劳动者，并在劳动合同中写明

C. 劳动者在已订立劳动合同期间因工作岗位变更，从事与所订立劳动合同中未告知的存在职业病危害的作业时，用人单位应向劳动者履行如实告知

D. 劳动者调到新岗位后，应协商变更原劳动合同相关条款

E. 劳动者因变更工作内容，从事与所订立劳动合同中未告知的存在职业病危害的作业时，且用人单位未告知的，劳动者有权拒绝从事该作业

F. 劳动者拒绝从事未经告知的职业病危害作业的，用人单位不得因此解除与劳动者所订立的劳动合同

细说考点

1. 本考点的考核形式较为多变，总而言之，不变的是劳动者对所从事的工作可能产生的职业病危害及其后果、职业病防护措施和待遇等有知情权，该知情权不因合同变更或调岗而受影响。

2.复习过程中应先对实质性内容进行准确的掌握,再根据掌握的内容进行习题演练。关于本考点的考核形式,也可以小案例的形式进行综合性的考核,现举例如下:

张某为某汽车制造厂机械加工岗位工人,与该单位签订为期3年的劳动合同。工作一年后,该单位将其从机械加工岗位调到喷漆岗位工作。根据《职业病防治法》的规定,下列关于张某在劳动过程中职业病防护与管理的做法,正确的是(C)。

A. 张某因该单位未事先告知喷漆岗位职业危害而不服从调动,用人单位因此解除与其签订的劳动合同

B. 张某因该单位喷漆岗位未配备职业病防护装置而不服从调动,用人单位因此解除与其签订的劳动合同

C. 张某因该单位未事先告知喷漆岗位职业病危害,拒绝从事新岗位工作

D. 张某到新岗位后,该单位保持原劳动合同,未协商变更相关条款

考点8 职业卫生培训要求与职业健康检查制度

(题干)根据《职业病防治法》,关于职业健康检查制度的说法,正确的有(ABCDEFG)。

A. 职业健康检查费用由用人单位承担

B. 对从事接触职业病危害的作业的劳动者,用人单位应当按照国务院卫生行政部门的规定组织上岗前、在岗期间和离岗时的职业健康检查,并将检查结果书面告知劳动者

C. 用人单位不得安排未经上岗前职业健康检查的劳动者从事接触职业病危害的作业

D. 用人单位不得安排有职业禁忌的劳动者从事其所禁忌的作业

E. 对在职业健康检查中发现有与所从事的职业相关的健康损害的劳动者,应当调离原工作岗位,并妥善安置

F. 对未进行离岗前职业健康检查的劳动者不得解除或者终止与其订立的劳动合同

G. 职业健康检查应当由取得《医疗机构执业许可证》的医疗卫生机构承担

细说考点

1.关于B选项涉及的知识点,还可以"根据《职业病防治法》,对从事接触职业病危害作业的劳动者,用人单位应当按照国务院卫生行政部门的规定组织(　　)的职业健康检查,并将检查结果书面告知劳动者"的形式进行考核。

2.关于C、D、F选项涉及的知识点,为强制性的内容,考核过程中,多以反向描述的形式出现。

3.关于G选项涉及的知识点,还可以"根据《职业病防治法》,职业健康检查应当由(　　)承担"的形式进行单项选择题的考核。

4.关于本考点的学习,考生还应掌握职业卫生培训的相关要求,其内容具体如下:

(1) 用人单位的主要负责人和职业卫生管理人员应当接受职业卫生培训。

(2) 用人单位应当对劳动者进行上岗前的职业卫生培训和在岗期间的定期职业卫生培训，普及职业卫生知识，督促劳动者遵守职业病防治法律、法规、规章和操作规程，指导劳动者正确使用职业病防护设备和个人使用的职业病防护用品。

(3) 劳动者应当学习和掌握相关的职业卫生知识，增强职业病防范意识，遵守职业病防治法律、法规、规章和操作规程，正确使用、维护职业病防护设备和个人使用的职业病防护用品，发现职业病危害事故隐患应当及时报告。

关于职业卫生培训要求的学习，考生应能够对用人单位的培训内容与劳动者的培训内容进行明确的区分。

考点9　职业健康监护档案与急性职业病危害事故

（题干）根据《职业病防治法》，关于职业健康监护档案与急性职业病危害事故的说法中，正确的有（ABCDEFGH）。

A. 用人单位应当为劳动者建立职业健康监护档案，并按照规定的期限妥善保存

B. 职业健康监护档案中，应包含劳动者的职业史

C. 职业健康监护档案中，应包含劳动者的职业病危害接触史

D. 职业健康监护档案中，应包含劳动者的职业健康检查结果

E. 职业健康监护档案中，应包含劳动者的职业病诊疗等有关个人健康资料

F. 劳动者离开用人单位时，有权索取本人职业健康监护档案复印件，用人单位应当如实、无偿提供，并在所提供的复印件上签章

G. 发生或者可能发生急性职业病危害事故时，用人单位应当立即采取应急救援和控制措施，并及时报告所在地卫生行政部门和有关部门

H. 对遭受或者可能遭受急性职业病危害的劳动者，用人单位应当及时组织救治、进行健康检查和医学观察，所需费用由用人单位承担

细说考点

1. 关于F选项涉及的知识点，还可以"根据《职业病防治法》，劳动者离开用人单位时，有权索取本人职业健康监护档案复印件，用人单位应当（　　）"的形式进行考核。

2. 关于G选项涉及的知识点，需要注意：强调的是"所在地卫生行政部门"。

3. 关于H选项涉及的知识点，还可以"根据《职业病防治法》，对遭受急性职业病危害的劳动者，用人单位应当及时组织救治、进行健康检查和医学观察，所需费用由（　　）承担"的形式进行单项选择题的考核。该处的干扰选项可以设置为：当地政府、该劳动者或社会保险部门。

考点 10　劳动者享有的职业卫生保护权利

(题干) 根据《职业病防治法》，劳动者享有的职业卫生保护权利包括（ABCDEFGH）。

A. 获得职业卫生教育、培训

B. 参与用人单位职业卫生工作的民主管理，对职业病防治工作提出意见和建议

C. 拒绝违章指挥和强令进行没有职业病防护措施的作业

D. 对违反职业病防治法律、法规以及危及生命健康的行为提出批评、检举和控告

E. 获得职业健康检查、职业病诊疗、康复等职业病防治服务

F. 了解工作场所产生或者可能产生的职业病危害因素、危害后果和应当采取的职业病防护措施

G. 要求用人单位提供符合防治职业病要求的职业病防护设施和个人使用的职业病防护用品

H. 要求用人单位改善工作条件

> **细说考点**
>
> 基于上述内容，考生还需要了解的是：用人单位因劳动者依法行使正当权利而降低其工资、福利等待遇或者解除、终止与其订立的劳动合同的，其行为无效。

考点 11　职业病诊断

(题干) 根据《职业病防治法》，下列关于职业病诊断的说法，正确的是（ABCDEFGHIJKLMNOP）。

A. 职业病诊断应当由取得《医疗机构执业许可证》的医疗卫生机构承担

B. 承担职业病诊断的医疗卫生机构不得拒绝劳动者进行职业病诊断的要求

C. 劳动者可以在用人单位所在地、本人户籍所在地或者经常居住地依法承担职业病诊断的医疗卫生机构进行职业病诊断

D. 职业病诊断，应当综合分析病人的职业史

E. 职业病诊断，应当综合分析病人的职业病危害接触史和工作场所职业病危害因素情况

F. 职业病诊断，应当综合分析病人的临床表现以及辅助检查结果

G. 没有证据否定职业病危害因素与病人临床表现之间的必然联系的，应当诊断为职业病

H. 职业病诊断证明书应当由参与诊断的取得职业病诊断资格的执业医师签署，并经承担职业病诊断的医疗卫生机构审核盖章

I. 用人单位应当如实提供职业病诊断、鉴定所需的劳动者职业史和职业病危害接触史、工作场所职业病危害因素检测结果等资料

J. 职业病诊断、鉴定机构需要了解工作场所职业病危害因素情况时，可以对工作场所进行现场调查

K. 职业病诊断、鉴定过程中，在确认劳动者职业史、职业病危害接触史时，当事人对劳动关系、工种、工作岗位或者在岗时间有争议的，可以向当地的劳动人事争议仲裁委员会申请仲裁

L. 用人单位和医疗卫生机构发现职业病病人或者疑似职业病病人时，应当及时向所在地卫生行政部门报告

M. 当事人对职业病诊断有异议的，可以向作出诊断的医疗卫生机构所在地地方人民政府卫生行政部门申请鉴定

N. 职业病诊断争议由设区的市级以上地方人民政府卫生行政部门根据当事人的申请，组织职业病诊断鉴定委员会进行鉴定

O. 当事人对设区的市级职业病诊断鉴定委员会的鉴定结论不服的，可以向省、自治区、直辖市人民政府卫生行政部门申请再鉴定

P. 职业病诊断、鉴定费用由用人单位承担

细说考点

1. 关于 C 选项涉及的知识点，也可以进行小案例形式的考核，下面对本考点的考核形式举例如下：

李某户籍在 A 市，居住在 B 市，在 C 市某水泥厂工作，因长期接触粉尘，需要进行职业病诊断。根据《职业病防治法》，下列关于职业病诊断的说法中，正确的是（A）。

A. 李某可以在 A 市依法取得《医疗机构执业许可证》的医疗卫生机构进行职业病诊断

B. 李某到 B 市的医疗卫生机构进行职业病诊断时，该机构应组织 2 名取得职业病诊断资格的执业医师联合诊断

C. 李某必须在 C 市依法取得《医疗机构执业许可证》的医疗卫生机构进行职业病诊断

D. C 市依法取得《医疗机构执业许可证》的医疗卫生机构无权对其进行职业病诊断

2. 关于 I 选项涉及的知识点，可以作为多项选择题进行考核，需要提供的具体资料需要熟练掌握。

3. 关于 K 选项涉及的知识点，争议的解决方式需要熟练掌握。

4. 关于 L 选项涉及的知识点，还可以"根据《职业病防治法》，用人单位和医疗卫生机构发现职业病病人或者疑似职业病病人时，应当及时向（　　）报告"的形式进行单项选择题的考核。

5. 关于 N 选项涉及的知识点，还可以"根据《职业病防治法》，职业病诊断争议由（　　）根据当事人的申请，组织职业病诊断鉴定委员会进行鉴定"的形式进行单项选择题的考核。

6. 关于 O 选项涉及的知识点，还可以"根据《职业病防治法》，当事人对设区的市级职业病诊断鉴定委员会的鉴定结论不服的，可以向（　　）申请再鉴定"的形式进行单项选择题的考核。

7. 关于 P 选项涉及的知识点，考生对费用的承担主体必须牢记。

考点 12　职业病病人保障

（题干）根据《职业病防治法》，下列关于职业病病人保障的说法，正确的是（ABCDEFGHIJ）。

A. 用人单位应当保障职业病病人依法享受国家规定的职业病待遇

B. 用人单位应当按照国家有关规定，安排职业病病人进行治疗、康复和定期检查

C. 用人单位对不适宜继续从事原工作的职业病病人，应当调离原岗位，并妥善安置

D. 用人单位对从事接触职业病危害的作业的劳动者，应当给予适当岗位津贴

E. 职业病病人的诊疗、康复费用，伤残以及丧失劳动能力的职业病病人的社会保障，按照国家有关工伤保险的规定执行

F. 职业病病人享有职业病待遇后，依照有关民事法律，尚有获得赔偿的权利的，有权向用人单位提出赔偿要求

G. 职业病病人变动工作单位，其依法享有的待遇不变

H. 劳动者被诊断患有职业病，但用人单位没有依法参加工伤保险的，其医疗和生活保障由该用人单位承担

I. 用人单位在发生分立、合并的情形时，应当对从事接触职业病危害的作业的劳动者进行健康检查

J. 用人单位在发生解散、破产等情形时，应当对从事接触职业病危害的作业的劳动者进行健康检查

细说考点

1. 关于 B 选项涉及的知识点，还可以"根据《职业病防治法》，用人单位应当按照国家有关规定，安排职业病病人进行（　　）"的形式进行考核。

2. 关于 F 选项涉及的知识点，还可以"根据《职业病防治法》，职业病病人享有职业病待遇后，依照有关民事法律，尚有获得赔偿的权利的，有权向（　　）提出赔偿要求"的形式进行单项选择题的考核。

3. 关于 G 选项涉及的知识点，是复习的重中之重，但考核形式不会太难，进行熟记即可。

4. 关于 H 选项涉及的知识点，考核要点为：用人单位承担，该处的干扰选项可以设置为：地方民政部门承担。

考点 13　违反《职业病防治法》的法律责任

(题干) 建设单位违反《职业病防治法》规定，有（ABCDEFGH）行为，由卫生行政部门给予警告，责令限期改正；逾期不改正的，处十万元以上五十万元以下的罚款。

A. 未按照规定进行职业病危害预评价的

B. 医疗机构可能产生放射性职业病危害的建设项目未按照规定提交放射性职业病危害预评价报告的

C. 放射性职业病危害预评价报告未经卫生行政部门审核同意，开工建设的

D. 建设项目的职业病防护设施未按照规定与主体工程同时设计、同时施工、同时投入生产和使用的

E. 建设项目的职业病防护设施设计不符合国家职业卫生标准和卫生要求的

F. 医疗机构放射性职业病危害严重的建设项目的防护设施设计未经卫生行政部门审查同意擅自施工的

G. 未按照规定对职业病防护设施进行职业病危害控制效果评价的

H. 建设项目竣工投入生产和使用前，职业病防护设施未按照规定验收合格的

I. 工作场所职业病危害因素的强度或者浓度超过国家职业卫生标准的

J. 未按照规定对工作场所职业病危害因素进行检测、评价的

K. 未按照规定安排职业病病人、疑似职业病病人进行诊治的

L. 拒绝职业卫生监督管理部门监督检查的

M. 未按照规定在产生严重职业病危害的作业岗位醒目位置设置警示标识和中文警示说明的

N. 未提供职业病防护设施和个人使用的职业病防护用品的

O. 提供的职业病防护设施和个人使用的职业病防护用品不符合国家职业卫生标准和卫生要求的

P. 对职业病防护设备、应急救援设施和个人使用的职业病防护用品未按照规定进行维护、检修、检测的

Q. 发生或者可能发生急性职业病危害事故时，未立即采取应急救援和控制措施或者未按照规定及时报告的

R. 未按照规定承担职业病诊断、鉴定费用和职业病病人的医疗、生活保障费用的

> **细说考点**
>
> 基于上述备选项，本考点还可能考核的题目有：
>
> 用人单位违反《职业病防治法》的规定，有（IJKLMNOPQR）行为，由卫生行政部门给予警告，责令限期改正，逾期不改正的，处五万元以上二十万元以下的罚款；情节严重的，责令停止产生职业病危害的作业。

专题十一
《突发事件应对法》

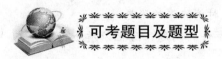
可考题目及题型

考点1 应急预案体系与内容

（题干）根据《突发事件应对法》，关于应急预案体系的说法，正确的有（ABCDEFG）。
A. 国家应建立健全突发事件应急预案体系
B. 国务院组织制定国家突发事件专项应急预案
C. 国务院制定国家突发事件总体应急预案
D. 国务院有关部门可以制定国家突发事件部门应急预案
E. 地方各级人民政府和县级以上地方各级人民政府有关部门可以根据上级人民政府及其有关部门的应急预案以及本地区的实际情况，制定相应的突发事件应急预案
F. 应急预案的制定、修订程序由国务院规定
G. 应急预案制定机关应当根据实际需要和情势变化，适时修订应急预案

细说考点

1. 关于B选项涉及的知识点，还可以"根据《突发事件应对法》，组织制定国家突发事件专项应急预案的主体是（　　）"的形式进行单项选择题的考核。

2. 关于C选项涉及的知识点，还可以"根据《突发事件应对法》，制定国家突发事件总体应急预案的主体是（　　）"的形式进行单项选择题的考核。

3. 关于F选项涉及知识点的考核形式多会以单项选择题的形式进行考核，现举例如下：

《突发事件应对法》规定，国家应当建立健全突发事件应急预案体系，突发事件应急预案的制订、修订程序由（D）规定。

A. 地方政府　　　　　　　　　　B. 国家应急中心
C. 安全生产监督管理总局　　　　D. 国务院

4. 关于本考点的学习，考生还应掌握应急预案的内容。应急预案应当根据《突发事件应对法》和其他有关法律、法规的规定，针对突发事件的性质、特点和可能造成的社会危害，具体规定突发事件应急管理工作的组织指挥体系与职责和突发事件的预防与预警机制、处置程序、应急保障措施以及事后恢复与重建措施等内容。

考点 2　单位预防与应对突发事件的义务

（题干）根据《突发事件应对法》，所有单位预防突发事件的义务包括（ABCD）。
A. 应当建立健全安全管理制度
B. 定期检查本单位各项安全防范措施的落实情况，及时消除事故隐患
C. 掌握并及时处理本单位存在的可能引发社会安全事件的问题，防止矛盾激化和事态扩大
D. 对本单位可能发生的突发事件和采取安全防范措施的情况，应当按照规定及时向所在地人民政府或者人民政府有关部门报告
E. 制定具体应急预案
F. 对生产经营场所、有危险物品的建筑物、构筑物及周边环境开展隐患排查
G. 为交通工具和有关场所配备报警装置和必要的应急救援设备、设施，注明其使用方法
H. 显著标明安全撤离的通道、路线，保证安全通道、出口的畅通

> **细说考点**
>
> 基于上述备选项，本考点还可能考核的题目有：
> (1) 根据《突发事件应对法》，矿山、建筑施工单位和易燃易爆物品、危险化学品、放射性物品等危险物品的生产、经营、储运、使用单位，应当（ABCDEF）。
> (2) 根据《突发事件应对法》，公共交通工具、公共场所和其他人员密集场所的经营单位或者管理单位应当（ABCDEGH）。

考点 3　应急能力建设

（题干）根据《突发事件应对法》，县级以上人民政府应当整合应急资源，（A）。
A. 建立或者确定综合性应急救援队伍
B. 设立专业应急救援队伍
C. 建立由本单位职工组成的专职应急救援队伍
D. 建立由本单位职工组成的兼职应急救援队伍

> **细说考点**
>
> 1. 基于上述备选项，本考点还可能考核的题目有：
> (1) 根据《突发事件应对法》，人民政府有关部门可以根据实际需要（B）。
> (2) 根据《突发事件应对法》，单位应当（CD）。
> 2. 关于本考点的学习，考生还应掌握的内容主要有：

> (1) 县级以上人民政府应当加强专业应急救援队伍与非专业应急救援队伍的合作，联合培训、联合演练，提高合成应急、协同应急的能力。
> (2) 国务院有关部门、县级以上地方各级人民政府及其有关部门、有关单位应当为专业应急救援人员购买人身意外伤害保险，配备必要的防护装备和器材，减少应急救援人员的人身风险。
> (3) 中国人民解放军、中国人民武装警察部队和民兵组织应当有计划地组织开展应急救援的专门训练。
> (4) 新闻媒体应当无偿开展突发事件预防与应急、自救与互救知识的公益宣传。
> (5) 乡级人民政府、街道办事处应当组织开展应急知识的宣传普及活动和必要的应急演练。
> (6) 各级各类学校应当把应急知识教育纳入教学内容，对学生进行应急知识教育，培养学生的安全意识和自救与互救能力。

考点4 应急处置措施

（题干） 根据《突发事件应对法》，自然灾害、事故灾难或者公共卫生事件发生后，履行统一领导职责的人民政府可以采取的应急处置措施包括（ABCDEFGHIJK）。

A. 组织营救和救治受害人员，疏散、撤离并妥善安置受到威胁的人员以及采取其他救助措施

B. 迅速控制危险源，标明危险区域，封锁危险场所，划定警戒区，实行交通管制以及其他控制措施

C. 立即抢修被损坏的交通、通信、供水、排水、供电、供气、供热等公共设施

D. 禁止或者限制使用有关设备、设施，关闭或者限制使用有关场所，中止人员密集的活动或者可能导致危害扩大的生产经营活动以及采取其他保护措施

E. 启用本级人民政府设置的财政预备费和储备的应急救援物资，必要时调用其他急需物资、设备、设施、工具

F. 组织公民参加应急救援和处置工作，要求具有特定专长的人员提供服务

G. 保障食品、饮用水、燃料等基本生活必需品的供应

H. 依法从严惩处囤积居奇、哄抬物价、制假售假等扰乱市场秩序的行为，稳定市场价格，维护市场秩序

I. 依法从严惩处哄抢财物、干扰破坏应急处置工作等扰乱社会秩序的行为，维护社会治安

J. 采取防止发生次生、衍生事件的必要措施

K. 向受到危害的人员提供避难场所和生活必需品，实施医疗救护和卫生防疫以及其他保障措施

L. 对特定区域内的建筑物、交通工具、设备、设施以及燃料、燃气、电力、水的供应

进行控制

M. 封锁有关场所、道路，查验现场人员的身份证件，限制有关公共场所内的活动

N. 加强对易受冲击的核心机关和单位的警卫，在国家机关、军事机关、国家通信社、广播电台、电视台、外国驻华使领馆等单位附近设置临时警戒线

O. 强制隔离使用器械相互对抗或者以暴力行为参与冲突的当事人，妥善解决现场纠纷和争端，控制事态发展

> **细说考点**
>
> 1. 基于上述备选项，本考点还可能考核的题目有：
>
> 根据《突发事件应对法》，应由人民政府组织，并由公安机关采取的应急处置措施包括（LMNO）。
>
> 2. 关于本考点的学习，考生还应掌握制定应急处置措施的相关内容见下表：
>
> | 项目 | 内容 |
> | --- | --- |
> | 法定条件 | 发生突发事件 |
> | 实施主体 | 履行统一领导职责或者组织处置突发事件的人民政府 |
> | 具体要求 | 应当针对其性质、特点和危害程度 |
> | 途径 | 立即组织有关部门，调动应急救援队伍和社会力量 |
> | 法律依据 | 依照《突发事件应对法》关于应急处置与救援的规定和有关法律、法规、规章的规定采取应急处置措施 |
>
> 3. 关于应急救援中涉及征用的知识点，应掌握的内容为：履行统一领导职责或者组织处置突发事件的人民政府，必要时可以向单位和个人征用应急救援所需设备、设施、场地、交通工具和其他物资，请求其他地方人民政府提供人力、物力、财力或者技术支援，要求生产、供应生活必需品和应急救援物资的企业组织生产、保证供给，要求提供医疗、交通等公共服务的组织提供相应的服务。
>
> 4. 本考点中关于信息发布的学习，应当掌握的内容为：履行统一领导职责或者组织处置突发事件的人民政府，应当按照有关规定统一、准确、及时发布有关突发事件事态发展和应急处置工作的信息。

考点5　应急救援

（题干）根据《突发事件应对法》，关于应急救援的说法，正确的有（ABCDEFG）。

A. 突发事件发生地的居民委员会和村民委员会应当按照当地人民政府的决定、命令，进行宣传动员，组织群众开展自救和互救

B. 突发事件发生地的公民应当服从人民政府、居民委员会、村民委员会或者所属单位的指挥和安排，配合人民政府采取的应急处置措施

C. 受到自然灾害危害的单位，应当立即组织本单位应急救援队伍和工作人员营救受害人员，疏散、撤离、安置受到威胁的人员

D. 发生事故灾难、公共卫生事件的单位，应当立即组织本单位应急救援队伍和工作人员营救受害人员，疏散、撤离、安置受到威胁的人员

E. 发生事故灾难、公共卫生事件的单位，应当控制危险源，标明危险区域，封锁危险场所，并采取其他防止危害扩大的必要措施

F. 受到自然灾害危害或者发生事故灾难、公共卫生事件的单位，在疏散、撤离、安置受到威胁的人员同时，应向所在地县级人民政府报告

G. 突发事件发生地的其他单位应当服从人民政府发布的决定、命令，配合人民政府采取的应急处置措施

> **细说考点**
>
> 该处的考核形式较为简单，也较容易判断，但值得考生注意的是F选项中涉及的知识点，现将该知识点的考核形式举例如下：
>
> 某公司丢失了一枚放射源，可能会危害公共安全。根据《突发事件应对法》的规定，下列关于该公司报告的做法，正确的是（A）。
>
> A. 及时向当地人民政府报告
> B. 待确定捡拾者后报告给当地人民政府
> C. 待确定伤害情况后报告给当地人民政府
> D. 待确定放射源是否泄漏后报告给当地人民政府

考点6 违反《突发事件应对法》的行为及应负的法律责任

（题干）地方各级人民政府和县级以上各级人民政府有关部门违反《突发事件应对法》规定，不履行法定职责的，由其上级行政机关或者监察机关责令改正，有（ABCDEFGHIJK）情形，根据情节对直接负责的主管人员和其他直接责任人员依法给予处分。

A. 未按规定采取预防措施，导致发生突发事件的

B. 未采取必要的防范措施，导致发生次生、衍生事件的

C. 迟报、谎报、瞒报、漏报有关突发事件的信息，造成后果的

D. 通报、报送、公布虚假信息，造成后果的

E. 未按规定及时发布突发事件警报、采取预警期的措施，导致损害发生的

F. 未按规定及时采取措施处置突发事件或者处置不当，造成后果的

G. 不服从上级人民政府对突发事件应急处置工作的统一领导、指挥和协调的

H. 未及时组织开展生产自救、恢复重建等善后工作的

I. 截留、挪用、私分或者变相私分应急救援资金、物资的

J. 不及时归还征用的单位和个人的财产的

K. 对被征用财产的单位和个人不按规定给予补偿的

L. 未按规定采取预防措施,导致发生严重突发事件的
M. 突发事件发生后,不及时组织开展应急救援工作,造成严重后果的
N. 未做好应急设备、设施日常维护、检测工作,导致发生严重突发事件或者突发事件危害扩大的
O. 未及时消除已发现的可能引发突发事件的隐患,导致发生严重突发事件的

> **细说考点**
>
> 基于上述备选项,本考点还可能考核的题目有:
> 根据《突发事件应对法》,有关单位有(LMNO)情形,由所在地履行统一领导职责的人民政府责令停产停业,暂扣或者吊销许可证或者营业执照,并处五万元以上二十万元以下的罚款。

专题十二
《安全生产许可证条例》

 可考题目及题型

考点1 取得安全生产许可证的条件

（题干）根据《安全生产许可证条例》，企业取得安全生产许可证，应当具备的安全生产条件包括（ABCDEFGHIJKLM）。

A. 建立、健全安全生产责任制

B. 制定完备的安全生产规章制度和操作规程

C. 安全投入符合安全生产要求

D. 设置安全生产管理机构，配备专职安全生产管理人员

E. 主要负责人和安全生产管理人员经考核合格

F. 特种作业人员经有关业务主管部门考核合格，取得特种作业操作资格证书

G. 从业人员经安全生产教育和培训合格

H. 依法参加工伤保险，为从业人员缴纳保险费

I. 厂房、作业场所和安全设施、设备、工艺符合有关安全生产法律、法规、标准和规程的要求

J. 有职业危害防治措施，并为从业人员配备符合国家标准或者行业标准的劳动防护用品

K. 依法进行安全评价

L. 有重大危险源检测、评估、监控措施和应急预案

M. 有生产安全事故应急救援预案、应急救援组织或者应急救援人员，配备必要的应急救援器材、设备

> **细说考点**
>
> 1. 关于本考点的考核，通常的手法就是偷梁换柱的模式。关于D选项涉及的知识点，必须要牢记配备"专职"安全生产管理人员，此处出现"兼职"安全生产管理人员作为干扰的概率较大。
>
> 2. 关于E选项涉及的知识点，考核要点和易错点在于"主要负责人"和"经考核合格"。
>
> 3. 关于F选项涉及的知识点，关键点在于"取得特种作业操作资格证书"。
>
> 4. 关于H选项涉及的知识点，考生要准确记忆该处的保险种类，避免造成混淆。

5. 关于J选项涉及的知识点，关键点为：有职业危害防治措施，易错点为：国家标准或者行业标准。

6. 关于L选项涉及的知识点，要注意是"重大危险源"，并非所有危险源。

7. 本考点的另一种考核形式即为小案例的考核形式，现举例如下：

某铁矿石生产企业近日通过试生产，需向本省安全生产许可证颁发机关申请取得非煤矿矿山安全生产许可证，根据《安全生产许可证条例》的规定，下列说法正确的是（C）。

A. 该企业需配备专职或兼职安全生产管理人员
B. 该企业主要负责人和安全生产管理人员须取得安全资格证书
C. 该企业须具有职业危害防治措施
D. 该企业须为从业人员投保人身意外伤害保险

考点2 安全生产许可证的适用、申请、受理及有效期

（题干）根据《安全生产许可证条例》，关于安全生产许可证的适用、申请、受理及有效期的说法中，正确的有（ABCDEFGHIJKL）。

A. 国家对矿山企业、建筑施工企业和危险化学品生产企业实行安全生产许可制度

B. 国家对烟花爆竹、民用爆炸物品生产企业实行安全生产许可制度

C. 建筑施工企业未取得安全生产许可证的，不得从事生产活动

D. 矿山企业、建筑施工企业和危险化学品生产企业进行生产前，应当依照《安全生产许可证条例》的规定向安全生产许可证颁发管理机关申请领取安全生产许可证

E. 国务院安全生产监督管理部门负责中央管理的非煤矿矿山企业和危险化学品、烟花爆竹生产企业安全生产许可证的颁发和管理

F. 国家煤矿安全监察机构负责中央管理的煤矿企业安全生产许可证的颁发和管理

G. 省、自治区、直辖市人民政府建设主管部门负责建筑施工企业安全生产许可证的颁发和管理，并接受国务院建设主管部门的指导和监督

H. 省、自治区、直辖市人民政府民用爆炸物品行业主管部门负责民用爆炸物品生产企业安全生产许可证的颁发和管理，并接受国务院民用爆炸物品行业主管部门的指导和监督

I. 安全生产许可证颁发管理机关应当自收到申请之日起45日内审查完毕

J. 安全生产许可证有效期满需要延期的，企业应当于期满前3个月向原安全生产许可证颁发管理机关办理延期手续

K. 安全生产许可证的有效期为3年

L. 企业在安全生产许可证有效期内，未发生死亡事故的，有效期届满时，经原安全生产许可证颁发管理机关同意，安全生产许可证有效期延期3年

细说考点

1. 关于 A、B 选项涉及的知识点，还可以"根据《安全生产许可证条例》，国家对（　　）生产企业实行安全生产许可制度"的形式进行考核。

2. 关于 E 选项涉及的知识点，还可以"根据《安全生产许可证条例》，负责中央管理的非煤矿矿山企业和危险化学品、烟花爆竹生产企业安全生产许可证的颁发和管理的主体是（　　）"的形式进行单项选择题的考核。

3. 关于 F 选项涉及的国家煤矿安全监察机构要避免与 E 选项中的国务院安全生产监督管理部门造成混淆。

4. 关于 I 选项涉及的知识点，考核的要点为审查时限：45 日内。

5. 关于 J 选项涉及的知识点，3 个月的延期手续时限也可以与 K 选项中的 3 年有效期相结合进行综合性的考核。当然，该题也可以小案例的形式要求考生进行判断，现举例如下：

某危险化学品生产经营企业于 2010 年 6 月 10 日向省安全监管部门申请办理安全生产许可证，省安全监管部门于 2010 年 7 月 15 日向该企业颁发了安全生产许可证。根据《安全生产许可证条例》的规定，该企业申请办理安全生产许可证延期手续合适的日期是（C）。

A. 2013 年 3 月 10 日　　　　　　　　B. 2015 年 3 月 10 日
C. 2013 年 4 月 15 日　　　　　　　　D. 2015 年 4 月 15 日

6. 关于 L 选项涉及的知识点，还可以"《安全生产许可证条例》规定，企业在安全生产许可证有效期内，严格遵守有关安全生产的法律法规，未发生死亡事故的，安全生产许可证有效期届满时，经原安全生产许可证颁发机关同意，不再审查，安全生产许可证有效期延期（　　）年"或"根据《安全生产许可证条例》，企业在安全生产许可证有效期内，未发生（　　）事故的，有效期届满时，经原安全生产许可证颁发管理机关同意，安全生产许可证有效期延期 3 年"的形式进行考核。

考点 3　安全生产许可证的监督与管理

(题干) 根据《安全生产许可证条例》，关于安全生产许可证的监督与管理的说法中，正确的有（**ABCDEFGHI**）。

A. 安全生产许可证颁发管理机关应当建立、健全安全生产许可证档案管理制度

B. 安全生产许可证颁发管理机关应当定期向社会公布企业取得安全生产许可证的情况

C. 煤矿企业安全生产许可证颁发管理机关应当每年向同级安全生产监督管理部门通报其安全生产许可证颁发和管理情况

D. 建筑施工企业安全生产许可证颁发管理机关应当每年向同级安全生产监督管理部门通报其安全生产许可证颁发和管理情况

E. 民用爆炸物品生产企业安全生产许可证颁发管理机关，应当每年向同级安全生产监

督管理部门通报其安全生产许可证颁发和管理情况

F. 企业不得转让、冒用安全生产许可证或者使用伪造的安全生产许可证

G. 企业取得安全生产许可证后,不得降低安全生产条件

H. 安全生产许可证颁发管理机关应当加强对取得安全生产许可证的企业的监督检查

I. 安全生产许可证颁发管理机关工作人员在安全生产许可证颁发、管理和监督检查工作中,不得索取或者接受企业的财物

> **细说考点**
>
> 1. 关于C、D、E选项涉及的知识点,还可以"根据《安全生产许可证条例》,煤矿企业安全生产许可证颁发管理机关应当每年向(   )通报其安全生产许可证颁发和管理情况"的形式进行单项选择题的考核。
>
> 2. 通过F、G、I选项的学习,给出某一单位具体的行为,考生应能判断出其是否符合《安全生产许可证条例》。

考点4 安全生产许可违法行为应负的法律责任

(题干)根据《安全生产许可证条例》,安全生产许可证颁发管理机关工作人员有(ABCDE)行为,给予降级或者撤职的行政处分;构成犯罪的,依法追究刑事责任。

A. 向不符合《安全生产许可证条例》规定的安全生产条件的企业颁发安全生产许可证的

B. 发现企业未依法取得安全生产许可证擅自从事生产活动,不依法处理的

C. 发现取得安全生产许可证的企业不再具备《安全生产许可证条例》规定的安全生产条件,不依法处理的

D. 接到对违反《安全生产许可证条例》规定行为的举报后,不及时处理的

E. 在安全生产许可证颁发、管理和监督检查工作中,索取或者接受企业的财物,或者谋取其他利益的

> **细说考点**
>
> 关于本考点的学习,考生还应掌握企业的安全生产许可违法行为。现将企业安全生产许可违法行为及其应负的法律责任整理如下:
>
> | 违法行为 | 法律责任 |
> | --- | --- |
> | 未取得安全生产许可证擅自进行生产的 | 责令停止生产,没收违法所得,并处10万元以上50万元以下的罚款;造成重大事故或者其他严重后果,构成犯罪的,依法追究刑事责任 |

续表

违法行为	法律责任
安全生产许可证有效期满未办理延期手续,继续进行生产的	责令停止生产,限期补办延期手续,没收违法所得,并处5万元以上10万元以下的罚款;逾期仍不办理延期手续,继续进行生产的,依照《安全生产许可证条例》的规定处罚
转让安全生产许可证的	没收违法所得,处10万元以上50万元以下的罚款,并吊销其安全生产许可证;构成犯罪的,依法追究刑事责任

专题十三
《生产安全事故应急条例》

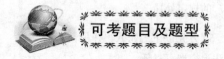
可考题目及题型

考点1 生产安全事故应急救援预案的公布与修订

（题干）根据《生产安全事故应急条例》，生产安全事故应急救援预案应当具有科学性、针对性和可操作性。有（ABCDEF）情形，生产安全事故应急救援预案制定单位应当及时修订相关预案。

A. 制定预案所依据的法律、法规、规章、标准发生重大变化
B. 应急指挥机构及其职责发生调整
C. 安全生产面临的风险发生重大变化
D. 重要应急资源发生重大变化
E. 在预案演练中发现需要修订预案的重大问题
F. 在应急救援中发现需要修订预案的重大问题

细说考点

1. 关于上述选项，考生应清楚地注意到除B选项中的应急指挥机构及其职责发生调整外，其余选项均涉及"重大变化"或"重大问题"。

2. 关于本考点的学习，考生还应掌握生产安全事故应急救援预案公布的相关规定，具体规定如下：

（1）生产经营单位应当针对本单位可能发生的生产安全事故的特点和危害，进行风险辨识和评估，制定相应的生产安全事故应急救援预案，并向本单位从业人员公布。

（2）县级以上人民政府负有安全生产监督管理职责的部门应当将其制定的生产安全事故应急救援预案报送本级人民政府备案；易燃易爆物品、危险化学品等危险物品的生产、经营、储存、运输单位，矿山、金属冶炼、城市轨道交通运营、建筑施工单位，以及宾馆、商场、娱乐场所、旅游景区等人员密集场所经营单位，应当将其制定的生产安全事故应急救援预案按照国家有关规定报送县级以上人民政府负有安全生产监督管理职责的部门备案，并依法向社会公布。

考点 2　生产安全事故应急救援预案演练

(题干) 根据《生产安全事故应急条例》，(ABCDEFGH) 应当至少每半年组织 1 次生产安全事故应急救援预案演练，并将演练情况报送所在地县级以上地方人民政府负有安全生产监督管理职责的部门。

A. 易燃易爆物品的生产、经营、储存、运输单位

B. 危险化学品等危险物品的生产、经营、储存、运输单位

C. 矿山企业

D. 建筑施工单位

E. 城市轨道交通运营单位

F. 金属冶炼企业

G. 宾馆、商场、娱乐场所的经营单位

H. 旅游景区的经营单位

I. 县级以上地方人民政府

J. 县级以上人民政府负有安全生产监督管理职责的部门

K. 乡、镇人民政府

L. 街道办事处

> **细说考点**
>
> 1. 基于上述备选项，本考点还可能考核的题目有：
>
> 根据《生产安全事故应急条例》，(IJKL) 应当至少每 2 年组织 1 次生产安全事故应急救援预案演练。
>
> 2. 该处考点考生应能够进行明确的区分，避免造成混淆。

考点 3　应急救援队伍的建立

(题干) 根据《生产安全事故应急条例》，(ABCDEFGH) 应当建立应急救援队伍。

A. 易燃易爆物品的生产、经营、储存、运输单位

B. 危险化学品等危险物品的生产、经营、储存、运输单位

C. 矿山企业

D. 建筑施工单位

E. 城市轨道交通运营单位

F. 金属冶炼企业

G. 宾馆、商场、娱乐场所的经营单位

H. 旅游景区的经营单位

I. 小型企业

J. 微型企业

K. 规模较小的生产经营单位

L. 工业园区内的生产经营单位

M. 开发区域内的生产经营单位

> **细说考点**
>
> 1. 基于上述备选项，本考点还可能考核的题目有：
>
> （1）根据《生产安全事故应急条例》，(IJK) 可以不建立应急救援队伍，但应当指定兼职的应急救援人员，并且可以与邻近的应急救援队伍签订应急救援协议。
>
> （2）根据《生产安全事故应急条例》，可以联合建立应急救援队伍的有 (LM)。
>
> 2. 关于本考点的学习，考生还应掌握的内容整理如下：
>
> | 项目 | 内容 |
> | --- | --- |
> | 形式多样的队伍 | 县级以上人民政府负有安全生产监督管理职责的部门应在重点行业、领域单独建立或者依托有条件的生产经营单位、社会组织共同建立应急救援队伍 |
> | 社会化的应急救援 | 国家鼓励和支持生产经营单位和其他社会力量建立提供社会化应急救援服务的应急救援队伍 |
> | 应急救援队伍的要求 | （1）应急救援队伍的应急救援人员应当具备必要的专业知识、技能、身体素质和心理素质。
（2）应急救援队伍建立单位或者兼职应急救援人员所在单位应当按照国家有关规定对应急救援人员进行培训；应急救援人员经培训合格后，方可参加应急救援工作。
（3）应急救援队伍应当配备必要的应急救援装备和物资，并定期组织训练 |

考点4　应急准备的监督管理及制度

（题干） 根据《生产安全事故应急条例》，关于应急准备的监督管理及制度的说法中，正确的有 **(ABCDEFGHIJK)**。

A. 生产经营单位应当及时将本单位应急救援队伍建立情况报送县级以上人民政府负有安全生产监督管理职责的部门

B. 县级以上人民政府负有安全生产监督管理职责的部门应当定期将本行业、本领域的应急救援队伍建立情况报送本级人民政府

C. 县级以上地方人民政府应当根据本行政区域内可能发生的生产安全事故的特点和危害，储备必要的应急救援装备和物资，并及时更新和补充

D. 生产经营单位应当对从业人员进行应急教育和培训，保证从业人员具备必要的应急知识，掌握风险防范技能和事故应急措施

E. 县级以上人民政府及其负有安全生产监督管理职责的部门应当建立应急值班制度，配备应急值班人员

F. 危险物品的生产、经营、储存、运输单位应当建立应急值班制度，配备应急值班人员

G. 矿山企业应当建立应急值班制度，配备应急值班人员

H. 金属冶炼企业应当建立应急值班制度，配备应急值班人员

I. 城市轨道交通运营、建筑施工单位应当建立应急值班制度，配备应急值班人员

J. 应急救援队伍应当建立应急值班制度，配备应急值班人员

K. 规模较大、危险性较高的易燃易爆物品、危险化学品等危险物品的生产、经营、储存、运输单位应当成立应急处置技术组，实行24小时应急值班

> **细说考点**
>
> 1. 关于A选项涉及的知识点，还可以"根据《生产安全事故应急条例》，生产经营单位应当及时将本单位应急救援队伍建立情况报送（　　）"的形式进行单项选择题的考核。
>
> 2. 关于B选项涉及的知识点，值得注意的是"本级"人民政府。
>
> 3. 关于E、F、G、H、I、J选项涉及的知识点，还可以"根据《生产安全事故应急条例》，应当建立应急值班制度，配备应急值班人员的有（　　）"的形式进行考核。
>
> 4. 关于K选项涉及的知识点，需要了解的是：应当成立应急处置技术组，实行24小时应急值班的单位有哪些。

考点5　应急救援措施

（题干）根据《生产安全事故应急条例》，发生生产安全事故后，生产经营单位应当立即启动生产安全事故应急救援预案，可采取（ABCDEF）的应急救援措施，并按照国家有关规定报告事故情况。

A. 迅速控制危险源，组织抢救遇险人员

B. 根据事故危害程度，组织现场人员撤离或者采取可能的应急措施后撤离

C. 及时通知可能受到事故影响的单位和人员

D. 采取必要措施，防止事故危害扩大和次生、衍生灾害发生

E. 根据需要请求邻近的应急救援队伍参加救援，并向参加救援的应急救援队伍提供相关技术资料、信息和处置方法

F. 维护事故现场秩序，保护事故现场和相关证据

G. 组织抢救遇险人员，救治受伤人员，研判事故发展趋势以及可能造成的危害

H. 通知可能受到事故影响的单位和人员，隔离事故现场，划定警戒区域，疏散受到威胁的人员，实施交通管制

I. 避免或者减少事故对环境造成的危害

J. 依法发布调用和征用应急资源的决定

K. 依法向应急救援队伍下达救援命令

L. 维护事故现场秩序，组织安抚遇险人员和遇险遇难人员亲属

M. 依法发布有关事故情况和应急救援工作的信息

> **细说考点**
>
> 1. 基于上述备选项，本考点还可能考核的题目有：
>
> 根据《生产安全事故应急条例》，有关地方人民政府及其部门接到生产安全事故报告后，应当按照国家有关规定上报事故情况，启动相应的生产安全事故应急救援预案，并按照应急救援预案的规定可采取的应急救援措施包括（DGHIJKLM）。
>
> 2. 关于本考点的学习，考生还应了解的内容为：有关地方人民政府不能有效控制生产安全事故的，应当及时向<u>上级人民政府</u>报告。上级人民政府应当及时采取措施，统一指挥应急救援。

考点6　应急救援的启动、指挥

（题干）根据《生产安全事故应急条例》，关于应急救援的启动、指挥的说法中，正确的有（**ABCDEFG**）。

A. 应急救援队伍接到有关人民政府及其部门的救援命令或者签有应急救援协议的生产经营单位的救援请求后，应当立即参加生产安全事故应急救援

B. 应急救援队伍根据救援命令参加生产安全事故应急救援所耗费用，由事故责任单位承担；事故责任单位无力承担的，由有关人民政府协调解决

C. 有关人民政府可以设立由本级人民政府及其有关部门负责人、应急救援专家、应急救援队伍负责人、事故发生单位负责人等人员组成的应急救援现场指挥部，并指定现场指挥部总指挥

D. 现场指挥部实行总指挥负责制

E. 发现可能直接危及应急救援人员生命安全的紧急情况时，现场指挥部或者统一指挥应急救援的人民政府应当立即采取相应措施消除隐患，降低或者化解风险

F. 发现可能直接危及应急救援人员生命安全的紧急情况，必要时，现场指挥部或者统一指挥应急救援的人民政府可以暂时撤离应急救援人员

G. 现场指挥部或者统一指挥生产安全事故应急救援的人民政府及其有关部门应当完整、准确地记录应急救援的重要事项，妥善保存相关原始资料和证据

> **细说考点**
>
> 1. 关于B选项涉及的知识点，需要注意不同情形下费用的承担主体。
>
> 2. 关于C选项涉及的知识点，需要注意的是：组成应急救援现场指挥部的人员有哪些。
>
> 3. 关于D选项涉及的知识点，还可以"根据《生产安全事故应急条例》，现场指挥部实行（　　）负责制"的形式进行单项选择题的考核。

专题十四
《生产安全事故报告和调查处理条例》

可考题目及题型

考点1 生产安全事故分级

（题干）根据《生产安全事故报告和调查处理条例》，下列事故中，属于特别重大事故的有（**ABC**）。

A. 造成30人以上死亡的事故

B. 造成100人以上重伤的事故

C. 造成1亿元以上直接经济损失的事故

D. 造成10人以上30人以下死亡的事故

E. 造成50人以上100人以下重伤的事故

F. 造成5000万元以上1亿元以下直接经济损失的事故

G. 造成3人以上10人以下死亡的事故

H. 造成10人以上50人以下重伤的事故

I. 造成1000万元以上5000万元以下直接经济损失的事故

J. 造成3人以下死亡的事故

K. 造成10人以下重伤的事故

L. 造成1000万元以下直接经济损失的事故

> **细说考点**
>
> 1. 基于上述备选项，本考点还可能考核的题目有：
> （1）根据《生产安全事故报告和调查处理条例》，上述事故中，属于重大事故的有（DEF）。
> （2）根据《生产安全事故报告和调查处理条例》，上述事故中，属于较大事故的有（GHI）。
> （3）根据《生产安全事故报告和调查处理条例》，上述事故中，属于一般事故的有（JKL）。
> 2. 关于本考点的复习，需要注意的是：根据《生产安全事故报告和调查处理条例》中的规定，该处的"以上"包括本数，所称的"以下"不包括本数。
> 3. 关于本考点的考核形式也可以小案例的形式进行考核，现举例如下：

某地甲、乙、丙、丁、戊五家企业发生了下列生产安全事故。根据《生产安全事故报告和调查处理条例》的规定，其中属于较大事故的有（ABC）。

A. 甲企业发生事故造成 5 人死亡，2000 万元直接经济损失

B. 乙企业发生事故造成 2 人死亡，11 人重伤

C. 丙企业发生事故造成 15 人急性工业中毒

D. 丁企业发生事故造成 5 人重伤，6000 万元直接经济损失

E. 戊企业发生事故造成 55 人重伤

4. 本考点的另一考核形式如下：

某化工企业发生爆炸事故，造成 2 人死亡、11 人重伤。根据《生产安全事故报告和调查处理条例》，该事故的等级属于（B）。

A. 一般事故

B. 较大事故

C. 重大事故

D. 特别重大事故

5. 关于生产安全事故分级的判定，考生可以参考下面的例题进行准备：

根据《生产安全事故报告和调查处理条例》，下列生产安全事故等级的判定中，正确的有（BDE）。

A. 某建筑公司发生坍塌事故，造成 1000 万元经济损失，属于一般事故

B. 某煤矿发生透水事故，造成 12 人死亡，属于重大事故

C. 某市政公司发生中毒窒息事故，造成 58 人重伤，属于较大事故

D. 某化工厂发生爆炸事故，造成 35 人死亡，属于特别重大事故

E. 某制衣厂发生火灾，造成 3 人死亡，属于较大事故

考点 2　事故报告程序

（题干）根据《生产安全事故报告和调查处理条例》，关于事故报告程序的说法中，正确的有（ABCDEFGHIJKLMN）。

A. 事故发生后，事故现场有关人员应当立即向本单位负责人报告

B. 单位负责人接到事故报告后，应当于 1 小时内向事故发生地县级以上人民政府安全生产监督管理部门和负有安全生产监督管理职责的有关部门报告

C. 情况紧急时，事故现场有关人员可以直接向事故发生地县级以上人民政府安全生产监督管理部门和负有安全生产监督管理职责的有关部门报告

D. 特别重大事故、重大事故逐级上报至国务院安全生产监督管理部门和负有安全生产监督管理职责的有关部门

E. 较大事故逐级上报至省、自治区、直辖市人民政府安全生产监督管理部门和负有安全生产监督管理职责的有关部门

F. 一般事故上报至设区的市级人民政府安全生产监督管理部门和负有安全生产监督管理职责的有关部门

G. 国务院安全生产监督管理部门和负有安全生产监督管理职责的有关部门以及省级人民政府接到发生特别重大事故、重大事故的报告后，应当立即报告国务院

H. 必要时，安全生产监督管理部门和负有安全生产监督管理职责的有关部门可以越级上报事故情况

I. 安全生产监督管理部门和负有安全生产监督管理职责的有关部门逐级上报事故情况，每级上报的时间不得超过2小时

J. 自事故发生之日起30日内，事故造成的伤亡人数发生变化的，应当及时补报

K. 道路交通事故、火灾事故自发生之日起7日内，事故造成的伤亡人数发生变化的，应当及时补报

L. 事故发生地有关地方人民政府、安全生产监督管理部门和负有安全生产监督管理职责的有关部门接到事故报告后，其负责人应当立即赶赴事故现场，组织事故救援

M. 事故发生后，有关单位和人员应当妥善保护事故现场以及相关证据，任何单位和个人不得破坏事故现场、毁灭相关证据

N. 安全生产监督管理部门和负有安全生产监督管理职责的有关部门应当建立值班制度，并向社会公布值班电话，受理事故报告和举报

细说考点

1. 关于A选项涉及的知识点，关键词为：本单位。

2. 关于B选项涉及的知识点，还可以"根据《生产安全事故报告和调查处理条例》，单位负责人接到事故报告后，应当于（　　）向事故发生地县级以上人民政府安全生产监督管理部门和负有安全生产监督管理职责的有关部门报告"的形式进行单项选择题的考核。当然，该知识点也可以将"县级以上人民政府安全生产监督管理部门和负有安全生产监督管理职责的有关部门"作为考核的要点。B选项和I选项涉及的时间应避免混淆。

3. 关于D选项涉及的知识点，还可以"根据《生产安全事故报告和调查处理条例》，需要逐级上报至国务院安全生产监督管理部门和负有安全生产监督管理职责的有关部门的事故包括（　　）"的形式进行考核，该处的干扰选项可设置为：一般事故和较大事故。

4. 关于E、F选项涉及的知识点，考核类型相似，既可以将某一类事故作为要点，也可以是相对应的某一层级点的部门。

5. 关于G选项涉及的知识点，考核的要点有两个：(1) 事故等级；(2) 国务院。

6. 关于J选项涉及的知识点，还可以"根据《生产安全事故报告和调查处理条例》，自事故发生之日起（　　），事故造成的伤亡人数发生变化的，应当及时补报"的形式进行单项选择题的考核。J选项和K选项涉及的时间应避免混淆。

考点3　事故报告与事故调查报告的内容

（题干）根据《生产安全事故报告和调查处理条例》，报告事故应当包括的内容包括（ABCDE）。

A. 事故发生单位概况

B. 事故发生的时间、地点以及事故现场情况

C. 事故的简要经过

D. 事故已经造成或者可能造成的伤亡人数和初步估计的直接经济损失

E. 已经采取的措施

F. 事故造成的人员伤亡和直接经济损失

G. 事故发生的原因和事故性质

H. 事故责任的认定以及对事故责任者的处理建议

I. 事故防范和整改措施

J. 事故发生经过和事故救援情况

细说考点

1. 基于上述备选项，本考点还可能考核的题目有：

（1）根据《生产安全事故报告和调查处理条例》，事故调查报告应当包括的内容（AFGHIJ）。

2. 关于A选项涉及的知识点，考生应注意是"概况"，考核过程中可能会以"详细情况"进行干扰。

3. 关于C选项涉及的知识点，考生应注意是"简要经过"，考核过程中可能会以"具体经过"进行干扰。

4. 关于D选项涉及的知识点，该处可能造成的伤亡人数包括下落不明的人数。

5. 关于本考点，将事故报告内容与事故调查报告内容同时进行考核，帮助考生能够明确进行区分，避免造成混淆。

考点4　事故调查主体

（题干）根据《生产安全事故报告和调查处理条例》，由国务院或者国务院授权有关部门组织事故调查组进行调查的是（A）。

A. 特别重大事故　　　　　　　　B. 重大事故

C. 较大事故　　　　　　　　　　D. 一般事故

细说考点

1. 基于上述备选项，本考点还可能考核的题目有：

（1）根据《生产安全事故报告和调查处理条例》，事故发生地省级人民政府负责

调查的是（B）。

（2）根据《生产安全事故报告和调查处理条例》，事故发生地设区的市级人民政府负责调查的是（C）。

（3）根据《生产安全事故报告和调查处理条例》，事故发生地县级人民政府负责调查的是（D）。

（4）根据《生产安全事故报告和调查处理条例》，(BCD) 事故发生地与事故发生单位不在同一个县级以上行政区域的，由事故发生地人民政府负责调查，事故发生单位所在地人民政府应当派人参加。

2. 关于本考点的学习，考生还应掌握的内容主要有：

（1）省级人民政府、设区的市级人民政府、县级人民政府可以直接组织事故调查组进行调查，也可以授权或者委托有关部门组织事故调查组进行调查。

（2）上级人民政府认为必要时，可以调查由下级人民政府负责调查的事故。

（3）自事故发生之日起 <u>30 日内</u>（道路交通事故、火灾事故自发生之日起 <u>7 日内</u>），因事故伤亡人数变化导致事故等级发生变化，依照《生产安全事故报告和调查处理条例》规定应当由上级人民政府负责调查的，上级人民政府可以另行组织事故调查组进行调查。

（4）未造成人员伤亡的一般事故，县级人民政府也可以委托事故发生单位组织事故调查组进行调查。

3. 本考点的另一种考核形式即为小案例的考核形式，现举例如下：

一辆油罐车在 A 省境内的高速公路上与一辆大客车追尾，引发油罐车爆燃，造成 20 人死亡。该油罐车中所载溶剂油是自 B 省发往 C 省某企业的货物。根据《生产安全事故报告和调查处理条例》的规定，负责该起事故调查的主体是（A）。

A. A 省人民政府   B. B 省人民政府
C. C 省人民政府   D. 国务院安全监管部门

考点 5　事故调查组

（题干）根据《生产安全事故报告和调查处理条例》，关于事故调查组的说法中，正确的有（ABCDEFGHIJKLM）。

A. 事故调查组的组成应当遵循精简、效能的原则
B. 事故调查组可以聘请有关专家参与调查
C. 事故调查组成员应当具有事故调查所需要的知识和专长，并与所调查的事故没有直接利害关系
D. 事故调查组组长由负责事故调查的人民政府指定
E. 事故调查组组长主持事故调查组的工作
F. 事故调查组有权向有关单位和个人了解与事故有关的情况，并要求其提供相关文件、

资料

G. 事故调查中发现涉嫌犯罪的，事故调查组应当及时将有关材料或者其复印件移交司法机关处理

H. 事故调查中需要进行技术鉴定的，事故调查组应当委托具有国家规定资质的单位进行技术鉴定

I. 必要时，事故调查组可以直接组织专家进行技术鉴定

J. 未经事故调查组组长允许，事故调查组成员不得擅自发布有关事故的信息

K. 事故调查组应当自事故发生之日起 60 日内提交事故调查报告

L. 特殊情况下，经负责事故调查的人民政府批准，提交事故调查报告的期限可以适当延长，但延长的期限最长不超过 60 日

M. 事故调查组成员应当在事故调查报告上签名

> **细说考点**
>
> 1. 关于 J 选项涉及的知识点，要点在于：调查组组长的允许。
>
> 2. 关于 K 选项涉及的知识点，还可以"根据《生产安全事故报告和调查处理条例》，事故调查组应当自事故发生之日起（　　）内提交事故调查报告"的形式进行单项选择题的考核。
>
> 3. 关于 L 选项涉及的知识点，延长的期限最长不超过 <u>60 日</u>，关于该知识点以单项选择题形式进行考核的概率较大。
>
> 4. 关于本考点的学习，考生还需要对事故调查组的职责有所了解。事故调查组履行下列职责：
>
> （1）查明事故发生的经过、原因、人员伤亡情况及直接经济损失；
>
> （2）认定事故的性质和事故责任；
>
> （3）提出对事故责任者的处理建议；
>
> （4）总结事故教训，提出防范和整改措施；
>
> （5）提交事故调查报告。

考点 6　事故处理

（题干）根据《生产安全事故报告和调查处理条例》，(ABC)，负责事故调查的人民政府应当自收到事故调查报告之日起 15 日内做出批复。

A. 重大事故　　　　　　　　　B. 较大事故

C. 一般事故　　　　　　　　　D. 特别重大事故

> **细说考点**
>
> 1. 基于上述备选项，本考点还可能考核的题目有：
>
> 根据《生产安全事故报告和调查处理条例》，(D) 负责事故调查的人民政府应当

自收到事故调查报告之日起 30 日内做出批复，特殊情况下，批复时间可以适当延长，但延长的时间最长不超过 30 日。

2. 关于本考点的学习，考生还应对下述细节有所了解：

(1) 事故发生单位应当认真吸取事故教训，落实防范和整改措施，防止事故再次发生。防范和整改措施的落实情况应当接受工会和职工的监督。

(2) 事故处理的情况由负责事故调查的人民政府或者其授权的有关部门、机构向社会公布，依法应当保密的除外。

考点 7　违反《生产安全事故报告和调查处理条例》的行为及应负的法律责任

(题干) 根据《生产安全事故报告和调查处理条例》，事故发生单位主要负责人有（ABC）行为，处上一年年收入 40% 至 80% 的罚款；属于国家工作人员的，并依法给予处分。

A. 不立即组织事故抢救的

B. 迟报或者漏报事故的

C. 在事故调查处理期间擅离职守的

D. 谎报或者瞒报事故的

E. 伪造或者故意破坏事故现场的

F. 转移、隐匿资金、财产，或者销毁有关证据、资料的

G. 拒绝接受调查或者拒绝提供有关情况和资料的

H. 在事故调查中作伪证或者指使他人作伪证的

I. 事故发生后逃匿的

J. 阻碍、干涉事故调查工作的

细说考点

1. 基于上述备选项，本考点还可能考核的题目有：

(1) 根据《生产安全事故报告和调查处理条例》，事故发生单位及其有关人员有（DEFGHI）行为，对事故发生单位处 100 万元以上 500 万元以下的罚款；对主要负责人、直接负责的主管人员和其他直接责任人员处上一年年收入 60% 至 100% 的罚款。

(2) 根据《生产安全事故报告和调查处理条例》，有关地方人民政府、安全生产监督管理部门和负有安全生产监督管理职责的有关部门有（ABDHJ）行为，对直接负责的主管人员和其他直接责任人员依法给予处分。

2. 关于本考点的学习，考生还应掌握的内容主要有：

(1) 事故发生单位对事故发生负有责任的，由有关部门依法暂扣或者吊销其有关证照；对事故发生单位负有事故责任的有关人员，依法暂停或者撤销其与安全生产有

关的执业资格、岗位证书；事故发生单位主要负责人受到刑事处罚或者撤职处分的，自刑罚执行完毕或者受处分之日起，5年内不得担任任何生产经营单位的主要负责人。

（2）《生产安全事故报告和调查处理条例》规定的罚款的行政处罚，由安全生产监督管理部门决定。

（3）《生产安全事故报告和调查处理条例》规定，事故发生单位对事故发生负有责任的，依照下列规定处以罚款：

① 发生一般事故的，处10万元以上20万元以下的罚款；
② 发生较大事故的，处20万元以上50万元以下的罚款；
③ 发生重大事故的，处50万元以上200万元以下的罚款；
④ 发生特别重大事故的，处200万元以上500万元以下的罚款。

3. 关于事故发生单位的法律责任，考生可以参考下面的例题形式进行准备：

根据《生产安全事故报告和调查处理条例》的规定，事故发生单位对事故发生负有责任的，应处20万元以上50万元以下罚款的事故等级是（B）。

A. 一般事故　　　　　　　　　　B. 较大事故
C. 重大事故　　　　　　　　　　D. 特别重大事故

专题十五
《工伤保险条例》

可考题目及题型

考点1 工伤保险基金的缴纳及使用

（题干）根据《工伤保险条例》，关于工伤保险基金的缴纳及使用的说法中，正确的有（ABCDEFGHIJK）。

A. 工伤保险基金由用人单位缴纳的工伤保险费、工伤保险基金的利息和依法纳入工伤保险基金的其他资金构成

B. 工伤保险费根据以支定收、收支平衡的原则，确定费率

C. 国家根据不同行业的工伤风险程度确定行业的差别费率，并根据工伤保险费使用、工伤发生率等情况在每个行业内确定若干费率档次

D. 行业差别费率及行业内费率档次由国务院社会保险行政部门制定，报国务院批准后公布施行

E. 用人单位应当按时缴纳工伤保险费

F. 职工个人不缴纳工伤保险费

G. 用人单位缴纳工伤保险费的数额为本单位职工工资总额乘以单位缴费费率之积

H. 跨地区、生产流动性较大的行业，可以采取相对集中的方式异地参加统筹地区的工伤保险

I. 工伤保险基金存入社会保障基金财政专户，用于《工伤保险条例》规定的工伤保险待遇，劳动能力鉴定，工伤预防的宣传、培训等费用，以及法律、法规规定的用于工伤保险的其他费用的支付

J. 任何单位或者个人不得将工伤保险基金用于投资运营、兴建或者改建办公场所、发放奖金，或者挪作其他用途

K. 工伤保险基金应当留有一定比例的储备金，用于统筹地区重大事故的工伤保险待遇支付

细说考点

1. 关于 A 选项涉及的知识点，工伤保险基金的具体构成是需要了解的内容。

2. 关于 B 选项涉及的知识点，还可以"根据《工伤保险条例》，工伤保险费根据（　　）的原则确定费率"的形式进行单项选择题的考核。该处的干扰选项可以设置为：以收定支、收支平衡；以支定收、收小于支；以收定支、收大于支等。

103

3.关于C选项涉及的知识点,还可以下面这道例题的形式进行多项选择题的考核:
　　根据《工伤保险条例》,确定工伤保险缴费档次和费率的依据有(BCD)。
　　A.企业所有制性质　　　　　　　　B.工伤发生率
　　C.工伤保险费的使用情况　　　　　D.不同行业的工伤风险程度
　　E.不同行业不同工种的危险等级
4.关于D选项涉及的知识点,主要注意的是制定主体与批准主体的不同。
5.关于G选项涉及的知识点,还可以"根据《工伤保险条例》,用人单位缴纳工伤保险费的数额为本单位职工工资总额乘以(　　)缴费费率之积"的形式进行单项选择题的考核。

考点2　工伤保险范围

(题干)根据《工伤保险条例》,职工有(ABCDEF)情形,应当认定为工伤。
A.在工作时间和工作场所内,因工作原因受到事故伤害的
B.工作时间前后在工作场所内,从事与工作有关的预备性或者收尾性工作受到事故伤害的
C.患职业病的
D.在工作时间和工作场所内,因履行工作职责受到暴力等意外伤害的
E.因工外出期间,由于工作原因受到伤害或者发生事故下落不明的
F.在上下班途中,受到非本人主要责任的交通事故或者城市轨道交通、客运轮渡、火车事故伤害的
G.在工作时间和工作岗位,突发疾病死亡或者在48小时之内经抢救无效死亡的
H.在抢险救灾等维护国家利益、公共利益活动中受到伤害的
I.职工原在军队服役,因战、因公负伤致残,已取得革命伤残军人证,到用人单位后旧伤复发的

细说考点

1.基于上述备选项,本考点还可能考核的题目有:
　　根据《工伤保险条例》,职工有(GHI)情形,视同工伤。
2.本考点涉及的知识点,也可以进行小案例形式的考核,下面对本考点的考核形式举例如下:
　　根据《工伤保险条例》的规定,下列应当认定为工伤的情形有(ABCD)。
　　A.某职工违章操作机床,造成右臂骨折
　　B.某职工外出参加会议期间,在宾馆内洗澡时滑倒,造成腿骨骨折
　　C.某职工在上班途中,受到非本人主要责任的交通事故伤害

D. 某职工在下班后清理机床时，机床意外启动造成职工受伤
　　E. 某职工在易燃作业场所内吸烟，导致火灾，本人受伤
　3. 关于本考点的学习，考生还应掌握除外情形，职工符合 A、B、C、D、E、F、G、H、I 选项的情形，但是有下列情形之一的，不得认定为工伤或者视同工伤：
　　(1) 故意犯罪的；
　　(2) 醉酒或者吸毒的；
　　(3) 自残或者自杀的。

考点3　工伤的认定

（题干）根据《工伤保险条例》，关于工伤认定的说法中，正确的有（ABCDEFG）。

A. 职工发生事故伤害或者按照职业病防治法规定被诊断、鉴定为职业病，所在单位应当自事故伤害发生之日或者被诊断、鉴定为职业病之日起 30 日内，向统筹地区社会保险行政部门提出工伤认定申请

B. 用人单位未在职工鉴定为职业病之日起 30 日内按规定提出工伤认定申请的，工伤职工或者其近亲属、工会组织在事故伤害发生之日或者被诊断、鉴定为职业病之日起 1 年内，可以直接向用人单位所在地统筹地区社会保险行政部门提出工伤认定申请

C. 职工或者其近亲属认为是工伤，用人单位不认为是工伤的，由用人单位承担举证责任

D. 社会保险行政部门应当自受理工伤认定申请之日起 60 日内作出工伤认定的决定，并书面通知申请工伤认定的职工或者其近亲属和该职工所在单位

E. 社会保险行政部门对受理的事实清楚、权利义务明确的工伤认定申请，应当在 15 日内作出工伤认定的决定

F. 作出工伤认定决定需要以司法机关或者有关行政主管部门的结论为依据的，在司法机关或者有关行政主管部门尚未作出结论期间，作出工伤认定决定的时限中止

G. 社会保险行政部门工作人员与工伤认定申请人有利害关系的，应当回避

细说考点

　1. 关于 A 选项涉及的知识点，考核的要点有两个：(1) 起止日期：自事故伤害发生之日或者被诊断、鉴定为职业病之日；(2) 时限：30 日。
　2. 关于 B 选项涉及的知识点，考核的要点有两个：(1) 申请主体有哪些；(2) 1 年的补救时限。
　3. 关于 C 选项涉及的知识点，需要注意的是举证责任的承担主体，该处易进行单项选择题的考核。
　4. 关于 D 选项涉及的知识点，还可以"根据《工伤保险条例》，社会保险行政部门应当自受理工伤认定申请之日起（　　）内作出工伤认定的决定，并书面通知申请

工伤认定的职工或者其近亲属和该职工所在单位"的形式进行单项选择题的考核。

5. 关于E选项涉及的知识点，还可以"根据《工伤保险条例》，社会保险行政部门对受理的事实清楚、权利义务明确的工伤认定申请，应当在（　　）内作出工伤认定的决定"的形式进行单项选择题的考核。

6. 下面结合工伤保险范围与工伤的认定，给考生举例下面这道综合性的题目供考生进行综合性的学习。

小李下班后顺路去菜市场买菜，买完菜在回家路上被一辆闯红灯的小汽车撞伤住院，之后，小李与工作单位因此事故伤害是否可以认定工伤的问题产生纠纷。根据《工伤保险条例》的规定，下列关于小李工伤认定的说法，正确的有（ACDE）。

A. 小李在下班途中受到非本人主要责任的交通事故伤害，应当认定为工伤
B. 小李下班后顺路去菜市场买菜，不属于上下班途中受到伤害，不能认定工伤
C. 若小李认为是工伤，工作单位不认为是工伤，应当由工作单位承担举证责任
D. 工作单位不提出工伤认定申请，小李可在伤害发生之日起1年内直接向工作单位所在地的社会保险行政部门提出工伤认定申请
E. 提出工伤认定申请，应当提交工伤认定申请表、小李与工作单位存在劳动关系的证明材料、医疗诊断证明等

7. 关于本考点的学习，考生还应掌握提出工伤认定申请应当提交的具体材料。提出工伤认定申请应当提交下列材料：
(1) 工伤认定申请表；
(2) 与用人单位存在劳动关系（包括事实劳动关系）的证明材料；
(3) 医疗诊断证明或者职业病诊断证明书（或者职业病诊断鉴定书）。

工伤认定申请表应当包括事故发生的时间、地点、原因以及职工伤害程度等基本情况。

考点4　劳动能力鉴定

（题干）根据《工伤保险条例》，关于劳动能力鉴定的说法中，正确的有（ABCDEFGHIJ）。

A. 劳动能力鉴定是指劳动功能障碍程度和生活自理障碍程度的等级鉴定
B. 劳动功能障碍分为十个伤残等级，最重的为一级，最轻的为十级
C. 生活自理障碍分为三个等级：生活完全不能自理、生活大部分不能自理和生活部分不能自理
D. 劳动能力鉴定由用人单位、工伤职工或者其近亲属向设区的市级劳动能力鉴定委员会提出申请，并提供工伤认定决定和职工工伤医疗的有关资料
E. 设区的市级劳动能力鉴定委员会收到劳动能力鉴定申请后，应当从其建立的医疗卫生专家库中随机抽取3名或者5名相关专家组成专家组，由专家组提出鉴定意见

F.设区的市级劳动能力鉴定委员会根据专家组的鉴定意见作出工伤职工劳动能力鉴定结论

G.申请鉴定的单位或者个人对设区的市级劳动能力鉴定委员会作出的鉴定结论不服的，可以在收到该鉴定结论之日起15日内向省、自治区、直辖市劳动能力鉴定委员会提出再次鉴定申请

H.省、自治区、直辖市劳动能力鉴定委员会作出的劳动能力鉴定结论为最终结论

I.自劳动能力鉴定结论作出之日起1年后，工伤职工或者其近亲属、所在单位或者经办机构认为伤残情况发生变化的，可以申请劳动能力复查鉴定

J.设区的市级劳动能力鉴定委员会应当自收到劳动能力鉴定申请之日起60日内作出，必要时，作出的期限可以延长30日

细说考点

1.关于C选项涉及的知识点，是一个多项选择题的考核要点。

2.关于D选项涉及的知识点，还可以"根据《工伤保险条例》，劳动能力鉴定由（　　）向设区的市级劳动能力鉴定委员会提出申请，并提供工伤认定决定和职工工伤医疗的有关资料"的形式进行单项选择题的考核。D选项的干扰性考核，也可设置为：劳动能力鉴定必须由用人单位、工伤职工向县级劳动能力鉴定委员会提出申请。

3.关于E选项涉及的知识点，还可以"根据《工伤保险条例》，设区的市级劳动能力鉴定委员会收到劳动能力鉴定申请后，应当从其建立的医疗卫生专家库中随机抽取（　　）相关专家组成专家组，由专家组提出鉴定意见"的形式进行单项选择题的考核。

4.关于G选项涉及的知识点，考核的要点有两个：(1) 时限：收到该鉴定结论之日起15日；(2) 受理主体：省、自治区、直辖市劳动能力鉴定委员会。

5.关于H选项涉及的知识点，干扰性的表述可以设置为：市级劳动能力鉴定委员会作出的鉴定结论是最终结论。

6.关于I选项涉及的知识点，考核要点有两个：(1) 1年；(2) 工伤职工或者其近亲属、所在单位或者经办机构。

7.关于本考点的学习，考生还应掌握劳动能力鉴定委员的组成。省、自治区、直辖市劳动能力鉴定委员会和设区的市级劳动能力鉴定委员会分别由省、自治区、直辖市和设区的市级社会保险行政部门、卫生行政部门、工会组织、经办机构代表以及用人单位代表组成。

劳动能力鉴定委员会建立医疗卫生专家库。列入专家库的医疗卫生专业技术人员应当具备下列条件：

(1) 具有医疗卫生高级专业技术职务任职资格；

(2) 掌握劳动能力鉴定的相关知识；

(3) 具有良好的职业品德。

考点 5　工伤医疗补偿及停薪期间福利与护理费

（题干）根据《工伤保险条例》，关于工伤医疗补偿及停薪期间福利与护理费的说法中，正确的有（ABCDEFGHIJKLM）。

A. 治疗工伤所需费用符合工伤保险诊疗项目目录、工伤保险药品目录、工伤保险住院服务标准的，从工伤保险基金支付

B. 职工住院治疗工伤的伙食补助费，以及经医疗机构出具证明，报经办机构同意，工伤职工到统筹地区以外就医所需的交通、食宿费用从工伤保险基金支付

C. 社会保险行政部门作出认定为工伤的决定后发生行政复议、行政诉讼的，行政复议和行政诉讼期间不停止支付工伤职工治疗工伤的医疗费用

D. 工伤职工因日常生活或者就业需要，经劳动能力鉴定委员会确认，可以安装假肢、矫形器、假眼、假牙和配置轮椅等辅助器具，所需费用按照国家规定的标准从工伤保险基金支付

E. 职工因工作遭受事故伤害或者患职业病需要暂停工作接受工伤医疗的，在停工留薪期内，原工资福利待遇不变，由所在单位按月支付

F. 停工留薪期一般不超过 12 个月

G. 伤情严重或者情况特殊，经设区的市级劳动能力鉴定委员会确认，停工留薪期可以适当延长，但延长不得超过 12 个月

H. 工伤职工在停工留薪期满后仍需治疗的，继续享受工伤医疗待遇

I. 生活不能自理的工伤职工在停工留薪期需要护理的，由所在单位负责

J. 工伤职工已经评定伤残等级并经劳动能力鉴定委员会确认需要生活护理的，从工伤保险基金按月支付生活护理费

K. 生活完全不能自理的护理费标准为统筹地区上年度职工月平均工资的 50%

L. 生活大部分不能自理的护理费标准为统筹地区上年度职工月平均工资的 40%

M. 生活部分不能自理的护理费标准为统筹地区上年度职工月平均工资的 30%

细说考点

1. 关于 C 选项涉及的知识点，值得注意的是：行政诉讼等期间不停止支付工伤职工治疗工伤的医疗费用。

2. 关于 D 选项涉及的知识点，还可以"根据《工伤保险条例》，工伤职工因日常生活或者就业需要，经（　　）确认，可以安装假肢、矫形器、假眼、假牙和配置轮椅等辅助器具，所需费用按照国家规定的标准从工伤保险基金支付"的形式进行单项选择题的考核。

3. 关于 E 选项涉及的知识点，值得注意的是：在停工留薪期内，原工资福利待遇不变，由所在单位按月支付。

4. 关于 F 选项涉及的知识点，需要注意的是"一般情形下"不超过 12 个月，并

非全部情形。

5.关于G选项涉及的知识点，还可以"根据《工伤保险条例》，伤情严重或者情况特殊，经（　　）确认，停工留薪期可以适当延长，但延长不得超过12个月"的形式进行单项选择题的考核。当然延长的12个月也是考核的要点。

6.关于I选项涉及的知识点，还可以"根据《工伤保险条例》，生活不能自理的工伤职工在停工留薪期需要护理的，由（　　）负责"的形式进行单项选择题的考核。

7.关于K、L、M选项涉及的知识点，考生对具体的百分比应能够进行明确的区分。

8.关于本考点与其他考点综合性的考核，考生可以结合下面这道例题进行复习：

企业职工刘某发生工伤。根据《工伤保险条例》的规定，下列关于刘某工伤保险待遇的说法，正确的是（D）。

A.刘某因暂停工作接受工伤医疗，停工留薪期一般不超过12个月，特殊情况不得超过18个月

B.刘某评定伤残等级后生活部分不能自理，经劳动能力鉴定委员会确认需要生活护理，护理费标准为统筹地区上年度职工月平均工资的20%

C.刘某经鉴定为六级伤残，从工伤保险基金支付一次性伤残补助金，标准为12个月的本人工资

D.刘某不能工作，与该企业保留劳动关系，企业按月发放给刘某的伤残津贴标准为刘某工资的60%

考点6　伤残等级及其待遇

（题干）根据《工伤保险条例》，从工伤保险基金按伤残等级支付一次性伤残补助金，一级伤残的标准为（A）的本人工资。

A. 27个月　　　　　　　　　B. 25个月
C. 23个月　　　　　　　　　D. 21个月
E. 18个月　　　　　　　　　F. 16个月
G. 13个月　　　　　　　　　H. 11个月
I. 9个月　　　　　　　　　　J. 7个月

细说考点

1.基于上述备选项，本考点还可能考核的题目有：

(1)根据《工伤保险条例》，从工伤保险基金按伤残等级支付一次性伤残补助金，二级伤残为（B）的本人工资。

(2)根据《工伤保险条例》，从工伤保险基金按伤残等级支付一次性伤残补助金，三级伤残为（C）的本人工资。

(3) 根据《工伤保险条例》，从工伤保险基金按伤残等级支付一次性伤残补助金，四级伤残为（D）的本人工资。

(4) 根据《工伤保险条例》，从工伤保险基金按伤残等级支付一次性伤残补助金，五级伤残为（E）的本人工资。

(5) 根据《工伤保险条例》，从工伤保险基金按伤残等级支付一次性伤残补助金，六级伤残为（F）的本人工资。

(6) 根据《工伤保险条例》，从工伤保险基金按伤残等级支付一次性伤残补助金，七级伤残为（G）的本人工资。

(7) 根据《工伤保险条例》，从工伤保险基金按伤残等级支付一次性伤残补助金，八级伤残为（H）的本人工资。

(8) 根据《工伤保险条例》，从工伤保险基金按伤残等级支付一次性伤残补助金，九级伤残为（I）的本人工资。

(9) 根据《工伤保险条例》，从工伤保险基金按伤残等级支付一次性伤残补助金，十级伤残为（J）的本人工资。

2.关于本考点的学习，考生还应掌握的内容主要有：

(1) 职工因工致残被鉴定为一级至四级伤残的，保留劳动关系，退出工作岗位。

(2) 职工因工致残被鉴定为五级、六级伤残的，经工伤职工本人提出，该职工可以与用人单位解除或者终止劳动关系，由工伤保险基金支付一次性工伤医疗补助金，由用人单位支付一次性伤残就业补助金。一次性工伤医疗补助金和一次性伤残就业补助金的具体标准由省、自治区、直辖市人民政府规定。

(3) 用人单位实行承包经营的，工伤保险责任由职工劳动关系所在单位承担。

(4) 职工被借调期间受到工伤事故伤害的，由原用人单位承担工伤保险责任，但原用人单位与借调单位可以约定补偿办法。

(5) 工伤职工有下列情形之一的，停止享受工伤保险待遇：

① 丧失享受待遇条件的；

② 拒不接受劳动能力鉴定的；

③ 拒绝治疗的。

考点7 工伤保险的监督管理

（题干）根据《工伤保险条例》，有（ABCDEFGH）情形，有关单位或者个人可以依法申请行政复议，也可以依法向人民法院提起行政诉讼。

A.申请工伤认定的职工对工伤认定申请不予受理的决定不服的

B.申请工伤认定的职工近亲属对工伤认定申请不予受理的决定不服的

C.申请工伤认定的职工所在单位对工伤认定申请不予受理的决定不服的

D.申请工伤认定的职工或者其近亲属、该职工所在单位对工伤认定结论不服的

E. 用人单位对经办机构确定的单位缴费费率不服的

F. 签订服务协议的医疗机构、辅助器具配置机构认为经办机构未履行有关协议或者规定的

G. 工伤职工对经办机构核定的工伤保险待遇有异议的

H. 工伤职工的近亲属对经办机构核定的工伤保险待遇有异议的

细说考点

关于本考点的学习，考生还应掌握经办机构具体承办工伤保险事务的职责。经办机构具体承办工伤保险事务，履行下列职责：

(1) 根据省、自治区、直辖市人民政府规定，征收工伤保险费；

(2) 核查用人单位的工资总额和职工人数，办理工伤保险登记，并负责保存用人单位缴费和职工享受工伤保险待遇情况的记录；

(3) 进行工伤保险的调查、统计；

(4) 按照规定管理工伤保险基金的支出；

(5) 按照规定核定工伤保险待遇；

(6) 为工伤职工或者其近亲属免费提供咨询服务。

考点8 违反《工伤保险条例》的行为及应负的法律责任

(题干) 根据《工伤保险条例》，从事劳动能力鉴定的组织或者个人有（ABC）情形，由社会保险行政部门责令改正，处2000元以上1万元以下的罚款。

A. 提供虚假鉴定意见的

B. 提供虚假诊断证明的

C. 收受当事人财物的

D. 未按规定保存用人单位缴费和职工享受工伤保险待遇情况记录的

E. 不按规定核定工伤保险待遇的

F. 未妥善保管申请工伤认定的证据材料，致使有关证据灭失的

G. 无正当理由不受理工伤认定申请，或者弄虚作假将不符合工伤条件的人员认定为工伤职工的

细说考点

1. 基于上述备选项，本考点还可能考核的题目有：

(1) 根据《工伤保险条例》，经办机构有（CDE）行为，由社会保险行政部门责令改正，对直接负责的主管人员和其他责任人员依法给予纪律处分。

(2) 根据《工伤保险条例》，社会保险行政部门工作人员有（CFG）情形，依法给予处分；情节严重，构成犯罪的，依法追究刑事责任。

2. 关于本考点的学习，考生还应掌握的法律责任包括：

(1) 用人单位依照《工伤保险条例》规定应当参加工伤保险而未参加的，由社会

保险行政部门责令限期参加，补缴应当缴纳的工伤保险费，并自欠缴之日起，按日加收<u>万分之五</u>的滞纳金；逾期仍不缴纳的，处欠缴数额1倍以上3倍以下的罚款。

(2) 用人单位、工伤职工或者其近亲属骗取工伤保险待遇，医疗机构、辅助器具配置机构骗取工伤保险基金支出的，由社会保险行政部门责令退还，处骗取金额2倍以上5倍以下的罚款；情节严重，构成犯罪的，依法追究刑事责任。

专题十六
《煤矿安全监察条例》

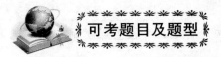
可考题目及题型

考点1 煤矿安全监察员的职权

(题干) 根据《煤矿安全监察条例》，煤矿安全监察员的职权包括（ABCDEFG）。

A. 有权随时进入煤矿作业场所进行检查，调阅有关资料

B. 参加煤矿安全生产会议，向有关单位或者人员了解情况

C. 在检查中发现影响煤矿安全的违法行为，有权当场予以纠正或者要求限期改正

D. 进行现场检查时，发现存在事故隐患的，有权要求煤矿立即消除或者限期解决

E. 进行现场检查时，发现威胁职工生命安全的紧急情况时，有权要求立即停止作业，下达立即从危险区内撤出作业人员的命令

F. 发现工人违章作业的，应当立即纠正或者责令立即停止作业

G. 发现煤矿矿长或者其他主管人员违章指挥工人或者强令工人违章、冒险作业的，应当立即纠正或者责令立即停止作业

细说考点

关于本考点的考核通常会较为简单，关于G选项涉及知识点的考核形式及其干扰选项的设置，考生可以结合下面这道例题进行复习。

根据《煤矿安全监察条例》，煤矿安全监察人员发现煤矿矿长或者其他主管人员违章指挥工人或者强令指挥工人或强令工人违章、冒险作业，应采取的措施是（D）。

A. 责令限期改正或者停产整顿

B. 责令停产整顿或者提请关闭煤矿

C. 吊销煤矿安全生产许可证或者提请关闭煤矿

D. 立即纠正或者责令立即停止作业

考点2 煤矿安全监察内容

(题干) 根据《煤矿安全监察条例》，关于煤矿安全监察的说法中，正确的有（ABCDEFGH）。

A. 煤矿建设工程设计必须符合煤矿安全规程和行业技术规范的要求

113

B.煤矿建设工程安全设施设计必须经煤矿安全监察机构审查同意；未经审查同意的，不得施工

C.煤矿安全监察机构审查煤矿建设工程安全设施设计，应当自收到申请审查的设计资料之日起30日内审查完毕

D.煤矿安全监察机构对煤矿建设工程安全设施和条件进行验收，应当自收到申请验收文件之日起30日内验收完毕

E.煤矿安全监察机构应当监督煤矿制定事故预防和应急计划，并检查煤矿制定的发现和消除事故隐患的措施及其落实情况

F.煤矿安全监察机构发现煤矿进行独眼井开采的，应当责令关闭

G.煤矿安全监察机构对煤矿安全技术措施专项费用的提取和使用情况进行监督，对未依法提取或者使用的，应当责令限期改正

H.煤矿安全监察机构发现煤矿矿井使用的设备、器材、仪器、仪表、防护用品不符合国家安全标准或者行业安全标准的，应当责令立即停止使用

> **细说考点**
>
> 1.关于B选项涉及的知识点，需要注意的是审查主体为：煤矿安全监察机构。
>
> 2.关于C、D选项涉及的知识点，其中的30日的审查时限是很好的命题点。
>
> 3.关于G选项涉及的知识点，还可以"根据《煤矿安全监察条例》，煤矿安全监察机构对煤矿安全技术措施专项费用的提取和使用情况进行监督，对未依法提取或者使用的，应当（　　）"的形式进行单项选择题的考核。
>
> 4.关于本考点的考核形式主要为"关于××的说法中，正确/错误的是（　　）"的形式进行考核，本考点的另一种考核形式也需要考生进行掌握，现举例如下：
>
> 某煤矿安全监察分局按照定期监察计划，对某煤矿进行全面安全检查，已检查了该煤矿安全规章制度制定及落实、煤矿负责人及员工安全培训考核、安全技术措施费用提取及使用、安全设计审查及验收、现场作业执行安全规程和专用设备使用管理等情况。根据《煤矿安全监察条例》，还应重点检查该煤矿的（C）。
>
> A.矿产资源回收计划　　　　　　　B.环境污染及治理情况
> C.事故预防和应急计划　　　　　　D.员工工伤保险方案

考点3　煤矿安全监察机构的权限

（题干）根据《煤矿安全监察条例》，煤矿安全监察机构发现煤矿作业场所有（ABCD）情形，应当责令立即停止作业，限期改正；有关煤矿或其作业场所经复查合格的，方可恢复作业。

A.未使用专用防爆电器设备的

B.未使用专用放炮器的

C.未使用人员专用升降容器的

D. 使用明火明电照明的

E. 未依法建立安全生产责任制的

F. 未设置安全生产机构或者配备安全生产人员的

G. 矿长不具备安全专业知识的

H. 特种作业人员未取得资格证书上岗作业的

I. 分配职工上岗作业前，未进行安全教育、培训的

J. 未向职工发放保障安全生产所需的劳动防护用品的

> **细说考点**
>
> 1. 基于上述备选项，本考点还可能考核的题目有：
>
> 根据《煤矿安全监察条例》，煤矿安全监察机构发现煤矿有（EFGHIJ）情形，仅责令限期改正。
>
> 2. 回答该题，考生应注意 A、B、C、D 选项涉及的情形比 E、F、G、H、I、J 的情形多了责令立即停止作业。

考点4 煤矿安全违法行为及应负的法律责任

（题干）根据《煤矿安全监察条例》，（A）由煤矿安全监察机构责令停止施工；拒不执行的，由煤矿安全监察机构移送地质矿产主管部门依法吊销采矿许可证。

A. 煤矿建设工程安全设施设计未经煤矿安全监察机构审查同意，擅自施工的

B. 煤矿建设工程安全设施和条件未经验收或者验收不合格，擅自投入生产的

C. 煤矿矿井通风、防火、防水、防瓦斯、防毒、防尘等安全设施和条件不符合国家安全标准、行业安全标准、煤矿安全规程和行业技术规范的要求，经煤矿安全监察机构责令限期达到要求，逾期仍达不到要求的

D. 煤矿作业场所未使用专用防爆电器设备、专用放炮器、人员专用升降容器或者使用明火明电照明，经煤矿安全监察机构责令限期改正，逾期不改正的

E. 使用不符合国家安全标准或者行业安全标准的设备、器材、仪器、仪表、防护用品，经煤矿安全监察机构责令立即停止使用，不立即停止使用的

F. 未依法提取或者使用煤矿安全技术措施专项费用，经煤矿安全监察机构责令限期改正，逾期不改正的

G. 分配职工上岗作业前未进行安全教育、培训，经煤矿安全监察机构责令限期改正，逾期不改正的

H. 煤矿作业场所的瓦斯、粉尘或者其他有毒有害气体的浓度超过国家安全标准或者行业安全标准，经煤矿安全监察人员责令立即停止作业，拒不停止作业的

I. 擅自开采保安煤柱，经煤矿安全监察人员责令立即停止作业，拒不停止作业的

J. 采用危及相邻煤矿生产安全的决水、爆破、贯通巷道等危险方法进行采矿作业，经煤矿安全监察人员责令立即停止作业，拒不停止作业的

细说考点

1. 基于上述备选项，本考点还可能考核的题目有：

(1) 根据《煤矿安全监察条例》，(B) 由煤矿安全监察机构责令停止生产，处5万元以上10万元以下的罚款。

(2) 根据《煤矿安全监察条例》，(C) 由煤矿安全监察机构责令停产整顿；经停产整顿仍不具备安全生产条件的，由煤矿安全监察机构决定吊销安全生产许可证，并移送地质矿产主管部门依法吊销采矿许可证。

(3) 根据《煤矿安全监察条例》，(D) 由煤矿安全监察机构责令停产整顿，可以处3万元以下的罚款。

(4) 根据《煤矿安全监察条例》，(EF) 由煤矿安全监察机构处5万元以下的罚款；情节严重的，由煤矿安全监察机构责令停产整顿；对直接负责的主管人员和其他直接责任人员，依法给予纪律处分。

(5) 根据《煤矿安全监察条例》，(G) 由煤矿安全监察机构处4万元以下的罚款。

(6) 根据《煤矿安全监察条例》，(H) 由煤矿安全监察机构责令停产整顿，可以处10万元以下的罚款。

(7) 根据《煤矿安全监察条例》，(IJ) 由煤矿安全监察机构决定吊销安全生产许可证，并移送地质矿产主管部门依法吊销采矿许可证。

2. 关于本考点的考核，亦可给出某一具体违法行为，从而让考生分析判断应该承担的具体法律责任。

3. 关于本考点的学习，考生还应掌握煤矿矿长或者其他主管人员的相关法律责任。煤矿矿长或者其他主管人员有下列行为之一的，由煤矿安全监察机构给予警告；造成严重后果，构成犯罪的，依法追究刑事责任：

(1) 违章指挥工人或者强令工人违章、冒险作业的；

(2) 对工人屡次违章作业熟视无睹，不加制止的；

(3) 对重大事故预兆或者已发现的事故隐患不及时采取措施的；

(4) 拒不执行煤矿安全监察机构及其煤矿安全监察人员的安全监察指令的。

专题十七
《国务院关于预防煤矿生产安全事故的特别规定》

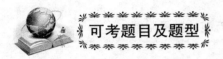
可考题目及题型

考点1 煤矿的重大安全生产隐患和行为

(题干)根据《国务院关于预防煤矿生产安全事故的特别规定》,煤矿的通风、防瓦斯、防水、防火、防煤尘、防冒顶等安全设备、设施和条件应当符合国家标准、行业标准,并有防范生产安全事故发生的措施和完善的应急处理预案。煤矿有(ABCDEFGHIJKLMN)情形,属于重大隐患,且应当立即停止生产,排除隐患。

A. 超能力、超强度或者超定员组织生产的

B. 瓦斯超限作业的

C. 煤与瓦斯突出矿井,未依照规定实施防突出措施的

D. 高瓦斯矿井未建立瓦斯抽放系统和监控系统,或者瓦斯监控系统不能正常运行的

E. 通风系统不完善、不可靠的

F. 有严重水患,未采取有效措施的

G. 超层越界开采的

H. 有冲击地压危险,未采取有效措施的

I. 自然发火严重,未采取有效措施的

J. 使用明令禁止使用或者淘汰的设备、工艺的

K. 年产6万吨以上的煤矿没有双回路供电系统的

L. 新建煤矿边建设边生产,煤矿改扩建期间,在改扩建的区域生产,或者在其他区域的生产超出安全设计规定的范围和规模的

M. 煤矿实行整体承包生产经营后,未重新取得安全生产许可证从事生产的,或者承包方再次转包的,以及煤矿将井下采掘工作面和井巷维修作业进行劳务承包的

N. 煤矿改制期间,未明确安全生产责任人和安全管理机构的,或者在完成改制后,未重新取得或者变更采矿许可证、安全生产许可证和营业执照的

> **细说考点**
>
> 1. 基于上述备选项,本考点还可能考核的题目有:
>
> 根据《国务院关于预防煤矿生产安全事故的特别规定》,煤矿有(ABCDEFGHIJKLMN)情形,仍然进行生产的,由县级以上地方人民政府负责煤矿安全生产监督

管理的部门或者煤矿安全监察机构责令停产整顿，处 50 万元以上 200 万元以下的罚款。

2. 关于 F 选项涉及的知识点，需要注意的是："严重"水患才构成重大隐患。

3. 关于 I 选项涉及的知识点，需要注意的是：自然发火"严重"才构成重大隐患。

4. 关于 K 选项涉及的知识点，需要注意的是：6 万吨的数量限制。

考点 2　依法取得煤矿有关证照

（题干）根据《国务院关于预防煤矿生产安全事故的特别规定》，煤矿或矿长未依法取得（ABCDE），煤矿不得从事生产，擅自从事生产的，属非法煤矿。

A. 采矿许可证　　　　　　　　B. 安全生产许可证
C. 营业执照　　　　　　　　　D. 矿长资格证
E. 矿长安全资格证

细说考点

1. 基于上述备选项，本考点还可能考核的题目有：

（1）根据《国务院关于预防煤矿生产安全事故的特别规定》，负责颁发（ABCDE）的部门，向不符合法定条件的煤矿或者矿长颁发有关证照的，对直接责任人，根据情节轻重，给予降级、撤职或者开除的行政处分。

（2）根据《国务院关于预防煤矿生产安全事故的特别规定》，对被责令停产整顿的煤矿，颁发证照的部门应当暂扣（ABCDE）。

2. 关于本考点的学习，考生还需要对如下内容进行了解：

负责颁发上述 A、B、C、D、E 选项涉及的证照的部门，一经发现煤矿无证照或者证照不全从事生产的，应当责令该煤矿立即停止生产，没收违法所得和开采出的煤炭以及采掘设备，并处违法所得 1 倍以上 5 倍以下的罚款；构成犯罪的，依法追究刑事责任；同时于 2 日内提请当地县级以上地方人民政府予以关闭，并可以向上一级地方人民政府报告。

考点 3　关于时限的考核

（题干）根据《国务院关于预防煤矿生产安全事故的特别规定》，被责令停产整顿的煤矿，整改结束后要求恢复生产的，应当由县级以上地方人民政府负责煤矿安全监管的部门自收到恢复生产申请之日起，在规定期限内组织验收完毕，验收的期限是（A）。

A. 60 日内　　　　　　　　　B. 3 个月内
C. 5 年　　　　　　　　　　　D. 1 个月内

> **细说考点**
>
> 基于上述备选项，本考点还可能考核的题目有：
>
> （1）根据《国务院关于预防煤矿生产安全事故的特别规定》，对（B）2次或者2次以上发现有重大安全生产隐患，仍然进行生产的煤矿，有关部门应当提请有关地方人民政府关闭该煤矿。
>
> （2）根据《国务院关于预防煤矿生产安全事故的特别规定》，在短期内多次发现存在重大安全隐患仍然进行生产的煤矿，应依法予以关闭，并由颁发证照的部门立即吊销矿长资格证书和矿长安全资格证书，该煤矿的法定代表人和矿长不得再担任任何煤矿的法定代表人和矿长的期限是（C）。
>
> （3）根据《国务院关于预防煤矿生产安全事故的特别规定》，在县级人民政府所辖区域内（D）内发现有2处或者2处以上非法煤矿并且没有采取有效制止措施的，对县级人民政府的主要负责人以及负有责任的相关负责人，根据情节轻重，给予降级、撤职或者开除的行政处分。
>
> （4）根据《国务院关于预防煤矿生产安全事故的特别规定》，县级以上地方人民政府负责煤矿安全生产监督管理的部门、煤矿安全监察机构在监督检查中（D），3次或者3次以上发现煤矿企业未依照国家有关规定对井下作业人员进行安全生产教育和培训或者特种作业人员无证上岗的，应当提请有关地方人民政府对该煤矿予以关闭。

考点4　非法煤矿的关闭

（题干）根据《国务院关于预防煤矿生产安全事故的特别规定》，应予关闭的非法煤矿包括（ABCDE）。

A.无证照或者证照不全擅自生产的

B.在3个月内2次或者2次以上发现有重大安全生产隐患的

C.停产整顿期间擅自从事生产的

D.经整顿验收不合格的

E.1个月内3次或者3次以上发现未对井下作业人员进行安全生产教育和培训或者特种作业人员无证上岗的

> **细说考点**
>
> 1.关于B、E选项涉及的知识点，要求考生对涉及的时间、次数以及违法行为应能够进行明确的区分，避免造成混淆。
>
> 2.关于本考点的学习，考生还应掌握关闭煤矿的决定程序和具体要求，现将其具体内容整理见下表：

项目	内容
关闭煤矿的决定程序	（1）提请关闭。 （2）责令立即停止生产。 （3）有关地方人民政府应当在 <u>7 日</u>内作出决定，并由其<u>主要负责人</u>签字存档。 （4）对决定关闭的，有关地方人民政府应当立即组织实施
关闭煤矿应当达到的要求	（1）吊销相关证照。 （2）停止供应并处理火工用品。 （3）停止供电，拆除矿井生产设备、供电、通信线路。 （4）封闭、填实矿井井筒，平整井口场地，恢复地貌。 （5）妥善遣散从业人员

专题十八
《建设工程安全生产管理条例》

可考题目及题型

考点1 建设单位的安全责任

（题干）根据《建设工程安全生产管理条例》，建设单位的安全责任包括（ABCDEF）。

A. 向施工单位提供真实、准确和完整的有关资料

B. 不得向有关单位提出不符合建设工程安全生产法律、法规和强制性标准规定的要求，不得压缩合同工期

C. 建设单位在编制工程概算时，确定建设工程安全作业环境及安全施工措施所需费用

D. 不得明示或者暗示施工单位购买不符合安全要求的设备、设施、器材和用具

E. 申领施工许可证应当提供有关安全施工措施的资料

F. 建设单位应当在拆除工程施工15日前，将相关资料报送建设工程所在地县级以上人民政府建设行政主管部门或者其他有关部门备案

细说考点

1. 关于A选项涉及知识点的另一种考核形式举例如下：

某施工单位在开挖基坑时因无地下管线资料不慎挖断天然气管道，导致天然气泄漏并发生爆炸，造成人员伤亡和财产损失。根据《建设工程安全生产管理条例》，施工现场及毗邻区域内的管线资料应由（A）提供给施工单位。

  A. 工程建设单位   B. 工程勘察单位

  C. 工程设计单位   D. 工程监理单位

2. 关于B选项涉及的知识点，还可将"建设单位可视工程需要压缩合同约定的工期"作为错误选项进行干扰性的考核。

3. 关于E选项涉及的知识点，考生还应了解的内容是：依法批准开工报告的建设工程，建设单位应当自开工报告批准之日起15日内，将保证安全施工的措施报送建设工程所在地的县级以上地方人民政府建设行政主管部门或者其他有关部门备案。

4. 关于F选项涉及的知识点，还可以"根据《建设工程安全生产管理条例》，建设单位应当在拆除工程施工（　　）前，将相关资料报送建设工程所在地县级以上人民政府建设行政主管部门或者其他有关部门备案"的形式进行单项选择题的考核。

考点2 勘察、设计及工程监理单位的安全责任

（题干） 根据《建设工程安全生产管理条例》，勘察单位的安全责任包括（ABC）。

A. 按照法律、法规和工程建设强制性标准进行勘察

B. 提供的勘察文件应当真实、准确，满足建设工程安全生产的需要

C. 在勘察作业时，应当严格执行操作规程，采取措施保证各类管线、设施和周边建筑物、构筑物的安全

D. 按照法律、法规和工程建设强制性标准进行设计，防止因设计不合理导致生产安全事故的发生

E. 考虑施工安全操作和防护的需要，对涉及施工安全的重点部位和环节在设计文件中注明，并对防范生产安全事故提出指导意见

F. 采用新结构的建设工程，应当在设计中提出保障施工作业人员安全和预防生产安全事故的措施建议

G. 应当审查施工组织设计中的安全技术措施或者专项施工方案是否符合工程建设强制性标准

H. 在实施监理过程中，发现存在安全事故隐患的，应当要求施工单位整改

I. 在实施监理过程中，发现存在安全事故隐患且情况严重的，应当要求施工单位暂时停止施工，并及时报告建设单位

细说考点

1. 基于上述备选项，本考点还可能考核的题目有：

(1) 根据《建设工程安全生产管理条例》，设计单位的安全责任包括（DEF）。

(2) 根据《建设工程安全生产管理条例》，监理单位的安全责任包括（GHI）。

2. 关于G选项涉及的知识点，考核要点主要有两个：(1) 该安全责任的主体为工程监理单位；(2) 需要审查的具体内容。关于该处具体内容的另一种考核形式，现举例如下：

根据《建设工程安全生产管理条例》的规定，监理单位对施工组织设计进行强制性标准符合性审查，下列属于审查内容的是（B）。

A. 安全管理方案　　　　　　　　B. 安全技术措施
C. 安全培训计划　　　　　　　　D. 安全投入计划

3. 关于H选项涉及的知识点，还可以"根据《建设工程安全生产管理条例》，在实施监理过程中，发现存在安全事故隐患的，应当（　　）"的形式进行单项选择题的考核。

4. 关于I选项涉及的知识点，还可以"根据《建设工程安全生产管理条例》，在实施监理过程中，发现存在安全事故隐患且情况严重的，应当（　　）"的形式进行考核。

考点3 施工单位的安全责任

(题干) 根据《建设工程安全生产管理条例》，关于施工单位安全责任的说法中，正确的有（ABCDEFGHIJKLMNOPQRS）。

A. 施工单位主要负责人依法对本单位的安全生产工作全面负责

B. 施工单位的项目负责人应当由取得相应执业资格的人员担任

C. 施工单位对列入建设工程概算的安全作业环境及安全施工措施所需费用，应当用于施工安全防护用具及设施的采购和更新、安全施工措施的落实、安全生产条件的改善

D. 施工单位应当设立安全生产管理机构，配备专职安全生产管理人员

E. 专职安全生产管理人员发现安全事故隐患，应当及时向项目负责人和安全生产管理机构报告

F. 建设工程实行施工总承包的，由总承包单位对施工现场的安全生产负总责

G. 总承包单位应当自行完成建设工程主体结构的施工

H. 总承包单位依法将建设工程分包给其他单位的，分包合同中应当明确各自的安全生产方面的权利、义务

I. 总承包单位和分包单位对分包工程的安全生产承担连带责任

J. 分包单位不服从管理导致生产安全事故的，由分包单位承担主要责任

K. 施工单位应当在施工组织设计中编制安全技术措施和施工现场临时用电方案

L. 建设工程施工前，施工单位负责项目管理的技术人员应当对有关安全施工的技术要求向施工作业班组、作业人员作出详细说明，并由双方签字确认

M. 施工单位应当将施工现场的办公区、生活区与作业区分开设置

N. 施工现场使用的装配式活动房屋应当具有产品合格证

O. 在城市市区内的建设工程，施工单位应当对施工现场实行封闭围挡

P. 施工单位应当对管理人员和作业人员每年至少进行一次安全生产教育培训

Q. 施工单位应当为施工现场从事危险作业的人员办理意外伤害保险

R. 垂直运输机械作业人员、安装拆卸工等特种作业人员，必须经过专门的安全作业培训，并取得特种作业操作资格证书后，方可上岗作业

S. 施工单位应当在施工现场入口处、施工起重机械、临时用电设施等危险部位，设置明显的安全警示标志

细说考点

1. 关于本考点的综合性考核，多以"关于××的说法，正确/错误的是（　　）"的形式进行考核。

2. 本考点的考核形式也会是多变的，也可能会以下面这种小案例的形式考核考生对知识点的掌握，现用 F 选项涉及的知识点举例：

> 甲公司采取施工总承包方式将一建设工程发包给乙公司，乙公司又将该工程中的液氨罐区安装工程分包给丙公司，将供水工程分包给丁公司。依照《建设工程安全生产管理条例》的规定，对该建设工程施工现场安全生产负总责的单位是（B）。
>
> A. 甲公司　　　　　　　　　B. 乙公司
> C. 丙公司　　　　　　　　　D. 丁公司
>
> 3. 关于 P 选项涉及的知识点，该处的干扰选项通常设置为：每两年至少进行一次或每半年至少进行一次。
>
> 4. 关于 Q 选项涉及的知识点，还可以"根据《建设工程安全生产管理条例》的规定，实行施工总承包的建设工程，支付意外伤害保险费的单位是（　　）"的形式进行反向的考核。该种形式的考核也是最简单最普遍的一种考核形式。
>
> 5. 关于本考点的学习，考生还要掌握应当编制专项施工方案的工程范围。对下列达到一定规模的危险性较大的分部分项工程编制专项施工方案，并附具安全验算结果，<u>经施工单位技术负责人、总监理工程师签字后实施</u>，由专职安全生产管理人员进行现场监督：
>
> （1）基坑支护与降水工程；
> （2）土方开挖工程；
> （3）模板工程；
> （4）起重吊装工程；
> （5）脚手架工程；
> （6）拆除、爆破工程；
> （7）国务院建设行政主管部门或者其他有关部门规定的其他危险性较大的工程。

考点 4　生产安全事故的应急救援和调查处理

（题干）根据《建设工程安全生产管理条例》，关于生产安全事故的应急救援和调查处理的说法中，正确的有（ABCDEF）。

A. 实行施工总承包的，由总承包单位统一组织编制建设工程生产安全事故应急救援预案

B. 施工单位发生生产安全事故，应当及时、如实地向负责安全生产监督管理的部门、建设行政主管部门或者其他有关部门报告

C. 特种设备发生事故的，还应当同时向特种设备安全监督管理部门报告

D. 实行施工总承包的建设工程，由总承包单位负责上报事故

E. 发生生产安全事故后，施工单位应当采取措施防止事故扩大，保护事故现场

F. 工程总承包单位和分包单位按照应急救援预案，各自建立应急救援组织或者配备应急救援人员，配备救援器材、设备，并定期组织演练

细说考点

1. 关于 A 选项涉及的知识点，还可以"根据《建设工程安全生产管理条例》，实行施工总承包的，由（　　）统一组织编制建设工程生产安全事故应急救援预案"的形式进行单项选择题的考核。该处的干扰选项可以设置为：建设单位、监理单位或各分包单位。

2. 关于 D 选项涉及的知识点，也可以进行小案例形式的考核，对本考点的考核形式举例如下：

甲建筑公司是某施工项目的施工总承包单位，乙建筑公司是其分包单位。2017年5月20日，乙建筑公司的施工项目发生了生产安全事故，根据《建设工程安全生产管理条例》，应由（B）向负有安全生产监督管理职责的部门报告。

A. 甲建筑公司或乙建筑公司　　　　　　B. 甲建筑公司
C. 乙建筑公司　　　　　　　　　　　　D. 甲建筑公司和乙建筑公司

考点 5　违反《建设工程安全生产管理条例》的行为及应负的法律责任

(题干)违反《建设工程安全生产管理条例》的规定，施工单位有（ABCDEF）行为，责令限期改正；逾期未改正的，责令停业整顿，并处 5 万元以上 10 万元以下的罚款。

A. 施工前未对有关安全施工的技术要求作出详细说明的
B. 未根据不同施工阶段和周围环境及季节、气候的变化，在施工现场采取相应的安全施工措施
C. 在城市市区内的建设工程的施工现场未实行封闭围挡的
D. 在尚未竣工的建筑物内设置员工集体宿舍的
E. 施工现场临时搭建的建筑物不符合安全使用要求的
F. 未对因建设工程施工可能造成损害的毗邻建筑物、构筑物和地下管线等采取专项防护措施的
G. 安全防护用具、机械设备、施工机具及配件在进入施工现场前未经查验或者查验不合格即投入使用的
H. 使用未经验收或者验收不合格的施工起重机械和整体提升脚手架、模板等自升式架设设施的
I. 委托不具有相应资质的单位承担施工现场安装、拆卸施工起重机械和整体提升脚手架、模板等自升式架设设施的
J. 在施工组织设计中未编制安全技术措施、施工现场临时用电方案或者专项施工方案的

细说考点

基于上述备选项，本考点还可能考核的题目有：

违反《建设工程安全生产管理条例》的规定，施工单位有（GHIJ）行为，责令限期改正；逾期未改正的，责令停业整顿，并处 10 万元以上 30 万元以下的罚款；情节严重的，降低资质等级，直至吊销资质证书。

专题十九
《危险化学品安全管理条例》

可考题目及题型

考点1 危险化学品监督管理部门的职责

（题干）根据《危险化学品安全管理条例》，核发危险化学品安全生产许可证、危险化学品安全使用许可证和危险化学品经营许可证，并负责危险化学品登记工作是（A）。

A. 安全生产监督管理部门　　　　　B. 公安机关
C. 质量监督检验检疫部门　　　　　D. 环境保护主管部门
E. 民用航空主管部门　　　　　　　F. 铁路监管部门
G. 交通运输主管部门　　　　　　　H. 卫生主管部门
I. 工商行政管理部门　　　　　　　J. 邮政管理部门

> **细说考点**
>
> 1. 基于上述备选项，本考点还可能考核的题目有：
> （1）根据《危险化学品安全管理条例》，负责危险化学品的公共安全管理，核发剧毒化学品购买许可证、剧毒化学品道路运输通行证，并负责危险化学品运输车辆的道路交通安全管理的是（B）。
> （2）根据《危险化学品安全管理条例》，（C）负责核发危险化学品及其包装物、容器（不包括储存危险化学品的固定式大型储罐）生产企业的工业产品生产许可证，负责对进出口危险化学品及其包装实施检验。
> （3）根据《危险化学品安全管理条例》，依照职责分工调查相关危险化学品环境污染事故和生态破坏事件，负责危险化学品事故现场的应急环境监测的是（D）。
> （4）根据《危险化学品安全管理条例》，负责危险化学品航空运输以及航空运输企业及其运输工具的安全管理的是（E）。
> （5）根据《危险化学品安全管理条例》，（F）负责危险化学品铁路运输及其运输工具的安全管理。
> （6）根据《危险化学品安全管理条例》，负责危险化学品道路运输、水路运输的许可以及运输工具的安全管理，对危险化学品水路运输安全实施监督的是（G）。
> （7）根据《危险化学品安全管理条例》，负责危险化学品毒性鉴定的管理，负责组织、协调危险化学品事故受伤人员的医疗卫生救援工作的是（H）。

(8) 根据《危险化学品安全管理条例》，(I) 依据有关部门的许可证件，核发危险化学品生产、储存、经营、运输企业营业执照，查处危险化学品经营企业违法采购危险化学品的行为。

(9) 根据《危险化学品安全管理条例》，负责依法查处寄递危险化学品的行为的是 (J)。

2. 关于本考点的考核，也可以反过来，给出具体的某一部门，将具体职责作为选项供考生选择判断。

考点 2　危险化学品安全监督管理部门的监督检查权

（题干）根据《危险化学品安全管理条例》，负有危险化学品安全监督管理职责的部门依法进行监督检查，可以采取的措施包括（ABCDEFG）。

A. 进入危险化学品作业场所实施现场检查，向有关单位和人员了解情况，查阅、复制有关文件、资料

B. 发现危险化学品事故隐患，责令立即消除或者限期消除

C. 对不符合法律、行政法规、规章规定或者国家标准、行业标准要求的设施、设备、装置、器材、运输工具，责令立即停止使用

D. 经本部门主要负责人批准，查封违法生产、储存、使用、经营危险化学品的场所

E. 经本部门主要负责人批准，扣押违法生产、储存、使用、经营、运输的危险化学品

F. 经本部门主要负责人批准，扣押用于违法生产、使用、运输危险化学品的原材料、设备、运输工具

G. 发现影响危险化学品安全的违法行为，当场予以纠正或者责令限期改正

细说考点

1. 行使查封、扣押权的，均需要经过本部门主要负责人批准。
2. 关于危险化学品安全监督管理部门的监督检查权的行使，还需要注意的要点为：
(1) 监督检查人员不得少于 2 人；
(2) 监督检查人员应当出示执法证件。

考点 3　危险化学品生产装置和储存设施的选址

（题干）根据《危险化学品安全管理条例》，危险化学品生产装置或者储存数量构成重大危险源的危险化学品储存设施（运输工具加油站、加气站除外），与（ABCDEFGHI）的距离应当符合国家有关规定。

A. 居住区以及商业中心、公园等人员密集场所

B. 学校、医院

C. 饮用水源、水厂以及水源保护区

D. 车站、码头（依法经许可从事危险化学品装卸作业的除外）、机场以及通信干线、通信枢纽

E. 基本农田保护区、基本草原、畜禽遗传资源保护区、畜禽规模化养殖场（养殖小区）、渔业水域以及种子、种畜禽、水产苗种生产基地

F. 河流、湖泊、风景名胜区、自然保护区

G. 军事禁区、军事管理区

H. 影剧院、体育场（馆）

I. 铁路线路、道路交通干线、水路交通干线、地铁风亭以及地铁站出入口

> **细说考点**
>
> 1. 关于 D 选项涉及的知识点，值得注意的是码头的除外情形。
> 2. 关于本考点的学习，考生还应掌握的内容是：生产、储存危险化学品的企业需要转产、停产、搬迁、关闭的，由本级人民政府决定并组织实施。

考点4 危险化学品生产、储存安全管理

（题干）根据《危险化学品安全管理条例》，新建、改建、扩建生产、储存危险化学品的建设项目，应当由（A）进行安全条件审查。

A. 安全生产监督管理部门　　　　　　B. 工业和信息化主管部门

C. 环境保护主管部门　　　　　　　　D. 公安机关

> **细说考点**
>
> 1. 基于上述备选项，本考点还可能考核的题目有：
>
> （1）根据《危险化学品安全管理条例》，建设单位应当对建设项目进行安全条件论证，委托具备国家规定的资质条件的机构对建设项目进行安全评价，并将安全条件论证和安全评价的情况报告报建设项目所在地设区的市级以上人民政府（A）。
>
> （2）根据《危险化学品安全管理条例》，（A）应当自收到安全条件论证和安全评价的情况报告之日起45日内作出审查决定，并书面通知建设单位。
>
> （3）根据《危险化学品安全管理条例》，负责颁发危险化学品安全生产许可证、工业产品生产许可证的部门，应当将其颁发许可证的情况及时向同级（BCD）通报。
>
> （4）根据《危险化学品安全管理条例》，某石化厂因经营不善决定停业。根据《危险化学品安全管理条例》，该石化厂应当采取有效措施，及时、妥善处置其危险化学品生产装置、储存设施以及库存的危险化学品，处置方案应报所在地县级人民政府有关部门备案，备案的单位有（ABCD）。

2.关于本考点的学习，考生还应掌握以下几方面内容，具体要点归纳见下表。

项目	内容
通知	进行可能危及危险化学品管道安全的施工作业，施工单位应当在开工的 7 日前书面通知管道所属单位，并与管道所属单位共同制定应急预案，采取相应的安全防护措施
安全评价	对本企业的安全生产条件每 3 年进行一次安全评价，提出安全评价报告
检查、记录	对重复使用的危险化学品包装物、容器，使用单位在重复使用前应当进行检查；发现存在安全隐患的，应当维修或者更换。使用单位应当对检查情况作出记录，记录的保存期限不得少于 2 年
治安	生产、储存剧毒化学品、易制爆危险化学品的单位，应当设置治安保卫机构，配备专职治安保卫人员
保管制度	剧毒化学品以及储存数量构成重大危险源的其他危险化学品，应当在专用仓库内单独存放，并实行双人收发、双人保管制度

考点 5　危险化学品使用的安全管理

（题干）根据《危险化学品安全管理条例》，申请危险化学品安全使用许可证的化工企业，应当具备的条件包括（ABCDEFG）。

A.有与所使用的危险化学品相适应的专业技术人员

B.有安全管理机构和专职安全管理人员

C.有符合国家规定的危险化学品事故应急预案和必要的应急救援器材、设备

D.依法进行了安全评价

E.使用条件（包括工艺）应当符合法律、行政法规的规定和国家标准、行业标准的要求

F.根据所使用的危险化学品的种类、危险特性以及使用量和使用方式，建立、健全使用危险化学品的安全管理规章制度和安全操作规程

G.保证危险化学品的安全使用

细说考点

关于本考点的学习，考生还应掌握危险化学品安全使用许可证的申办程序及其信息共享的具体内容。现将该部分内容归纳整理如下：

项目	内容
申办程序	申请危险化学品安全使用许可证的化工企业，应当向所在地设区的市级人民政府安全生产监督管理部门提出申请，并提交相关证明材料。设区的市级人民政府安全生产监督管理部门应当依法进行审查，自收到证明材料之日起 45 日内作出批准或者不予批准的决定
信息共享	安全生产监督管理部门应当将其颁发危险化学品安全使用许可证的情况及时向同级环境保护主管部门和公安机关通报

考点6 危险化学品经营的安全管理

（题干）根据《危险化学品安全管理条例》，关于危险化学品经营安全管理的说法中，正确的有（ABCDEFGHIJKLMN）。

A. 依法设立的危险化学品生产企业在其厂区范围内销售本企业生产的危险化学品，不需要取得危险化学品经营许可

B. 取得港口经营许可证的港口经营人，在港区内从事危险化学品仓储经营，不需要取得危险化学品经营许可

C. 设区的市级人民政府安全生产监督管理部门或者县级人民政府安全生产监督管理部门应当依法进行审查，并对申请人的经营场所、储存设施进行现场核查

D. 设区的市级人民政府安全生产监督管理部门和县级人民政府安全生产监督管理部门应当将其颁发危险化学品经营许可证的情况及时向同级环境保护主管部门和公安机关通报

E. 申请人持危险化学品经营许可证向工商行政管理部门办理登记手续后，方可从事危险化学品经营活动

F. 危险化学品经营企业不得向未经许可从事危险化学品生产、经营活动的企业采购危险化学品

G. 危险化学品经营企业不得经营没有化学品安全技术说明书或者化学品安全标签的危险化学品

H. 依法取得危险化学品安全生产许可证、危险化学品安全使用许可证、危险化学品经营许可证的企业，凭相应的许可证件购买剧毒化学品、易制爆危险化学品

I. 个人不得购买剧毒化学品（属于剧毒化学品的农药除外）和易制爆危险化学品

J. 使用剧毒化学品、易制爆危险化学品的单位不得出借、转让其购买的剧毒化学品、易制爆危险化学品

K. 危险化学品生产企业、经营企业销售剧毒化学品、易制爆危险化学品，应当如实记录购买单位的名称、地址、经办人的姓名、身份证号码，所购买的剧毒化学品、易制爆危险化学品的品种、数量、用途

L. 危险化学品的销售记录以及经办人的身份证明复印件、相关许可证件复印件或者证明文件的保存期限不得少于1年

M. 剧毒化学品、易制爆危险化学品的销售企业、购买单位应当在销售、购买后 5 日内，将所销售、购买的剧毒化学品、易制爆危险化学品的品种、数量以及流向信息报所在地县级人民政府公安机关备案

N. 禁止向个人销售剧毒化学品（属于剧毒化学品的农药除外）和易制爆危险化学品

> **细说考点**
>
> 1. 本考点涉及的知识点，也可以进行小案例形式的考核，对 B 选项涉及的知识点的考核形式举例如下：
>
> 某企业是位于 A 省 B 市 C 区港口内的一家危险化学品仓储经营企业，已经取得了港口经营许可证。根据《危险化学品安全管理条例》的规定，下列关于该企业申请危险化学品经营许可证的说法，正确的是（D）。
>
> A. 需要向 B 市的港口行政管理部门申请危险化学品经营许可证
>
> B. 需要向 C 区的港口行政管理部门申请危险化学品经营许可证
>
> C. 需要向 A 省的安全监督部门申请危险化学品经营许可证
>
> D. 不需要申请危险化学品经营许可证
>
> 2. 关于 C 选项涉及的知识点，还可以"根据《危险化学品安全管理条例》，从事剧毒化学品经营的企业，应取得危险化学品经营许可证。负责接受剧毒化学品经营企业申请，并颁发危险化学品经营许可证的行政机关是（　　）"的形式进行单项选择题的考核。关于 C 选项涉及的知识点，还应了解作出批准或者不予批准决定的时限为：30 日内。
>
> 3. 关于 K 选项涉及的知识点，还可以"根据《危险化学品安全管理条例》，危险化学品生产企业、经营企业销售剧毒化学品、易制爆危险化学品，应当如实记录的内容包括（　　）"的形式进行多项选择题的考核。
>
> 4. 关于 L 选项涉及的知识点，值得注意的是：保存期限不得少于 1 年。
>
> 5. 关于 M 选项涉及的知识点，值得注意的是：购买后 5 日内进行备案。

考点 7　道路运输安全管理

（题干）根据《危险化学品安全管理条例》，危险化学品运输应当遵守的规定包括（ABCDEFGH）。

A. 运输危险化学品，应当根据危险化学品的危险特性采取相应的安全防护措施，并配备必要的防护用品和应急救援器材

B. 运输危险化学品的驾驶人员、船员、装卸管理人员、押运人员、申报人员、集装箱装箱现场检查员，应当了解所运输的危险化学品的危险特性及其包装物、容器的使用要求和出现危险情况时的应急处置方法

C. 通过道路运输危险化学品的，应当按照运输车辆的核定载质量装载危险化学品，不得超载

D. 危险化学品运输车辆应当符合国家标准要求的安全技术条件，并按照国家有关规定定期进行安全技术检验

E. 通过道路运输危险化学品的，应当配备押运人员，并保证所运输的危险化学品处于押运人员的监控之下

F. 运输剧毒化学品或者易制爆危险化学品的，应当向当地公安机关报告

G. 禁止通过内河封闭水域运输剧毒化学品以及国家规定禁止通过内河运输的其他危险化学品

H. 通过道路运输剧毒化学品的，托运人应当向运输始发地或者目的地县级人民政府公安机关申请剧毒化学品道路运输通行证

细说考点

1. 关于B选项涉及的知识点，还可以"运输危险化学品的（　　），应当了解所运输的危险化学品的危险特性及其包装物、容器的使用要求和出现危险情况时的应急处置方法"的形式进行多项选择题的考核。

2. 关于H选项涉及的知识点，还可以"根据《危险化学品安全管理条例》的规定，企业通过道路运输剧毒化学品，应该申请剧毒化学品道路运输通行证。受理通行证申请的部门是（　　）"的形式进行单项选择题的考核。

3. 关于本考点的学习，考生还应掌握人员资格的相关内容。危险化学品道路运输企业、水路运输企业的<u>驾驶人员、船员、装卸管理人员、押运人员、申报人员、集装箱装箱现场检查员</u>应当经交通运输主管部门考核合格，取得从业资格。

专题二十
《烟花爆竹安全管理条例》

可考题目及题型

考点1 企业生产、批发、零售烟花爆竹的条件

（题干）根据《烟花爆竹安全管理条例》，生产烟花爆竹的企业，应当具备的条件包括（ABCDEFGHIJK）。

A. 符合当地产业结构规划
B. 基本建设项目经过批准
C. 选址符合城乡规划
D. 厂房和仓库的设计、结构和材料以及防火、防爆、防雷、防静电等安全设备、设施符合国家有关标准和规范
E. 生产设备、工艺符合安全标准
F. 产品品种、规格、质量符合国家标准
G. 有健全的安全生产责任制
H. 有安全生产管理机构和专职安全生产管理人员
I. 有事故应急救援预案、应急救援组织和人员，并配备必要的应急救援器材、设备
J. 依法进行了安全评价
K. 与周边建筑、设施保持必要的安全距离
L. 有保管员、仓库守护员
M. 有符合国家标准的经营场所和储存仓库
N. 主要负责人经过安全知识教育
O. 实行专店或者专柜销售，设专人负责安全管理
P. 经营场所配备必要的消防器材，张贴明显的安全警示标志

细说考点

基于上述备选项，本考点还可能考核的题目有：

（1）根据《烟花爆竹安全管理条例》，从事烟花爆竹批发的企业，应当具备的条件包括（IJKLM）。

（2）根据《烟花爆竹安全管理条例》，烟花爆竹零售经营者，应当具备的条件包括（NOP）。

考点2　烟花爆竹的生产安全管理

（题干）根据《烟花爆竹安全管理条例》，下列关于烟花爆竹生产企业安全管理的说法，正确的是（ABCDEFGHIJKL）。

A. 设区的市人民政府安全生产监督管理部门应当自收到材料之日起20日内提出安全审查初步意见，报省、自治区、直辖市人民政府安全生产监督管理部门审查

B. 省、自治区、直辖市人民政府安全生产监督管理部门应当自受理烟花爆竹安全生产许可证申请之日起45日内进行安全审查

C. 生产烟花爆竹的企业，持《烟花爆竹安全生产许可证》到工商行政管理部门办理登记手续后，方可从事烟花爆竹生产活动

D. 从事危险工序的作业人员经设区的市人民政府安全生产监督管理部门考核合格，方可上岗作业

E. 生产烟花爆竹的企业，应当对生产作业人员进行安全生产知识教育

F. 对从事药物混合、造粒、筛选、装药、筑药、压药、切引、搬运等危险工序的作业人员进行专业技术培训

G. 生产烟花爆竹使用的原料，国家标准有用量限制的，不得超过规定的用量

H. 生产烟花爆竹的企业，应当按照国家标准的规定，在烟花爆竹产品上标注燃放说明

I. 生产烟花爆竹的企业，应当在烟花爆竹包装物上印制易燃易爆危险物品警示标志

J. 生产烟花爆竹的企业，应当对黑火药、烟火药、引火线的保管采取必要的安全技术措施

K. 生产烟花爆竹的企业，应当建立购买、领用、销售登记制度

L. 黑火药、烟火药、引火线丢失的，企业应当立即向当地安全生产监督管理部门和公安部门报告

细说考点

1. 关于A选项涉及的知识点，考核要点有两个：(1) 20日内；(2) 省、自治区、直辖市人民政府安全生产监督管理部门。

2. 关于B选项涉及的知识点，还可以"根据《烟花爆竹安全管理条例》，省、自治区、直辖市人民政府安全生产监督管理部门应当自受理烟花爆竹安全生产许可证申请之日起（　　）进行安全审查"的形式进行单项选择题的考核。

3. 关于C选项涉及的知识点，考核的关键点为：《烟花爆竹安全生产许可证》。

4. 关于L选项涉及的知识点，还可以"根据《烟花爆竹安全管理条例》，（　　）丢失的，企业应当立即向当地安全生产监督管理部门和公安部门报告"的形式进行考核。当然，该处的另一个关键点也可以是：当地安全生产监督管理部门和公安部门。

考点 3 烟花爆竹经营安全管理

(题干) 根据《烟花爆竹安全管理条例》，关于烟花爆竹经营安全管理的说法中，正确的有（ABCDEFGH）。

A. 不得在城市市区布设烟花爆竹批发场所

B. 从事烟花爆竹批发的企业和零售经营者的经营布点，应当经安全生产监督管理部门审批

C. 申请从事烟花爆竹批发的企业，应当向所在地设区的市人民政府安全生产监督管理部门提出申请

D. 受理申请的安全生产监督管理部门应当自受理从事烟花爆竹批发的申请之日起 30 日内对提交的有关材料和经营场所进行审查

E. 受理申请的安全生产监督管理部门应当自受理从事烟花爆竹零售申请之日起 20 日内对提交的有关材料和经营场所进行审查

F.《烟花爆竹经营（零售）许可证》，应当载明经营负责人、经营场所地址、经营期限、烟花爆竹种类和限制存放量

G. 生产、经营黑火药、烟火药、引火线的企业，不得向未取得烟花爆竹安全生产许可的任何单位或者个人销售黑火药、烟火药和引火线

H. 申请从事烟花爆竹零售的经营者，应当向所在地县级人民政府安全生产监督管理部门提出申请

细说考点

1. 关于 B 选项涉及的知识点，考核的关键点为：安全生产监督管理部门。

2. 关于 C 选项涉及的知识点，还可以"根据《烟花爆竹安全管理条例》，申请从事烟花爆竹批发的企业，应当向（　　）提出申请"的形式进行单项选择题的考核。

3. 关于 D、E 选项涉及的知识点，考生应注意批发和零售的审查时间不同，应注意区分，避免造成混淆。

4. 关于 F 选项涉及的知识点，还可以"根据《烟花爆竹安全管理条例》，《烟花爆竹经营（零售）许可证》，应当载明点的内容包括（　　）"的形式进行多项选择题的考核。

5. 关于 H 选项涉及知识点的另一种考核形式，现举例如下：

甲是 A 市 B 县的烟花爆竹零售经营者，需要办理烟花爆竹经营（零售）许可证。根据《烟花爆竹安全管理条例》的规定，下列关于甲申请经营许可证的说法，正确的是（C）。

A. 应向 A 市安全监管部门提出申请　　B. 应向 A 市公安机关提出申请
C. 应向 B 县安全监管部门提出申请　　D. 应向 B 县公安机关提出申请

考点4　烟花爆竹运输安全管理

（题干）根据《烟花爆竹安全管理条例》，经由道路运输烟花爆竹的，应当遵守的规定包括（ABCDE）。

A. 随车携带《烟花爆竹道路运输许可证》
B. 运输车辆悬挂或者安装符合国家标准的易燃易爆危险物品警示标志
C. 装载烟花爆竹的车厢不得载人
D. 运输车辆限速行驶，途中经停必须有专人看守
E. 出现危险情况立即采取必要的措施，并报告当地公安部门

> **细说考点**
>
> 1. 关于E选项涉及的知识点，还可以"根据《烟花爆竹安全管理条例》，经由道路运输烟花爆竹出现危险情况立即采取必要的措施，并报告（　　）"的形式进行单项选择题的考核。
>
> 2. 关于本考点的学习，考生还应掌握的内容主要有：
>
> （1）受理经由道路运输烟花爆竹申请的，公安部门应当自受理申请之日起 <u>3日</u>内对提交的有关材料进行审查，对符合条件的，核发《烟花爆竹道路运输许可证》。
>
> （2）烟花爆竹运达目的地后，收货人应当在 <u>3日内</u>将《烟花爆竹道路运输许可证》交回发证机关核销。
>
> （3）禁止携带烟花爆竹搭乘公共交通工具。
>
> （4）经由道路运输烟花爆竹的，托运人应当向运达地县级人民政府公安部门提出申请。
>
> 3. 为能让考生更好的学习本知识点，现将另一种考核形式举例如下：
>
> 甲县某烟花爆竹批发企业委托乙县一家具有资质的汽车运输公司，前往丙县某烟花爆竹生产企业运回一批烟花爆竹，途经丁县。根据《烟花爆竹安全管理条例》，这次运输应当向（A）公安局申请办理烟花爆竹道路运输许可证。
>
> A. 甲县　　　　　　　　　　B. 乙县
> C. 丙县　　　　　　　　　　D. 丁县

考点5　烟花爆竹的燃放安全管理

（题干）根据《烟花爆竹安全管理条例》，禁止燃放烟花爆竹的地点包括（ABCDEFGH）。

A. 文物保护单位
B. 车站、码头、飞机场等交通枢纽
C. 铁路线路安全保护区内
D. 易燃易爆物品生产、储存单位
E. 输变电设施安全保护区内
F. 中小学校、敬老院

G. 医疗机构、幼儿园　　　　　　　　H. 山林、草原等重点防火区

> **细说考点**
>
> 关于本考点的学习，考生还应掌握的内容主要有：
> (1) 未成年人的监护人应当对未成年人进行安全燃放烟花爆竹的教育。
> (2) 举办焰火晚会以及其他大型焰火燃放活动，应当按照举办的时间、地点、环境、活动性质、规模以及燃放烟花爆竹的种类、规格和数量，确定危险等级，实行分级管理。
> (3) 申请举办焰火晚会以及其他大型焰火燃放活动，主办单位应当按照分级管理的规定，向有关人民政府公安部门提出申请，并提交下列有关材料：
> ① 举办焰火晚会以及其他大型焰火燃放活动的时间、地点、环境、活动性质、规模；
> ② 燃放烟花爆竹的种类、规格、数量；
> ③ 燃放作业方案；
> ④ 燃放作业单位、作业人员符合行业标准规定条件的证明。
> 受理申请的公安部门应当自受理申请之日起 20 日内对提交的有关材料进行审查。

考点6 烟花爆竹安全违法行为及应负的法律责任

（题干） 根据《烟花爆竹安全管理条例》，生产烟花爆竹的企业有（**ABCDEFGH**）行为，由安全生产监督管理部门责令限期改正，处 1 万元以上 5 万元以下的罚款；逾期不改正的，责令停产停业整顿，情节严重的，吊销安全生产许可证。

A. 未按照安全生产许可证核定的产品种类进行生产的

B. 生产工序或者生产作业不符合有关国家标准、行业标准的

C. 雇佣未经设区的市人民政府安全生产监督管理部门考核合格的人员从事危险工序作业的

D. 生产烟花爆竹使用的原料不符合国家标准规定的

E. 生产烟花爆竹使用的原料超过国家标准规定的用量限制的

F. 使用按照国家标准规定禁止使用或者禁忌配伍的物质生产烟花爆竹的

G. 未按照国家标准的规定在烟花爆竹产品上标注燃放说明的

H. 未在烟花爆竹的包装物上印制易燃易爆危险物品警示标志的

I. 违反运输许可事项的

J. 未随车携带《烟花爆竹道路运输许可证》的

K. 运输车辆没有悬挂或者安装符合国家标准的易燃易爆危险物品警示标志的

L. 烟花爆竹的装载不符合国家有关标准和规范的

M. 装载烟花爆竹的车厢载人的

N. 超过危险物品运输车辆规定时速行驶的

O. 运输车辆途中经停没有专人看守的

P. 运达目的地后，未按规定时间将《烟花爆竹道路运输许可证》交回发证机关核销的

Q. 未经许可生产、经营烟花爆竹制品的

R. 向未取得烟花爆竹安全生产许可的单位或者个人销售黑火药、烟火药、引火线的

> **细说考点**
>
> 基于上述备选项，本考点还可能考核的题目有：
>
> （1）根据《烟花爆竹安全管理条例》，经由道路运输烟花爆竹，有（IJKLM-NOP）行为，由公安部门责令改正，处 200 元以上 2000 元以下的罚款。
>
> （2）根据《烟花爆竹安全管理条例》，对（QR），由安全生产监督管理部门责令停止非法生产、经营活动，处 2 万元以上 10 万元以下的罚款，并没收非法生产、经营的物品及违法所得。

专题二十一
《民用爆炸物品安全管理条例》

可考题目及题型

考点1　民用爆炸物品购买、销售的安全管理

（题干）根据《民用爆炸物品安全管理条例》，关于民用爆炸物品生产安全管理的说法中，正确的有（ABCDEFGHIJKL）。

A. 申请从事民用爆炸物品销售的企业，应当向所在地省、自治区、直辖市人民政府民用爆炸物品行业主管部门提交申请书、可行性研究报告

B. 民用爆炸物品销售企业持《民用爆炸物品销售许可证》到工商行政管理部门办理工商登记后，方可销售民用爆炸物品

C. 民用爆炸物品使用单位申请购买民用爆炸物品的，应当向所在地县级人民政府公安机关提出购买申请

D. 民用爆炸物品生产企业凭《民用爆炸物品生产许可证》，可以销售本企业生产的民用爆炸物品

E. 民用爆炸物品生产企业销售本企业生产的民用爆炸物品，不得超出核定的品种、产量

F. 民用爆炸物品销售企业应当在办理工商登记后3日内，向所在地县级人民政府公安机关备案

G. 受理申请的公安机关应当自受理购买民用爆炸物品申请之日起5日内对提交的有关材料进行审查

H. 销售、购买民用爆炸物品，应当通过银行账户进行交易，不得使用现金或者实物进行交易

I. 销售民用爆炸物品的企业，应当将购买单位的许可证、银行账户转账凭证、经办人的身份证明复印件保存2年备查

J. 销售民用爆炸物品的企业，应当自民用爆炸物品买卖成交之日起3日内，将销售的品种、数量和购买单位向所在地省、自治区、直辖市人民政府民用爆炸物品行业主管部门和所在地县级人民政府公安机关备案

K. 购买民用爆炸物品的单位，应当自民用爆炸物品买卖成交之日起3日内，将购买的品种、数量向所在地县级人民政府公安机关备案

L. 进出口民用爆炸物品，应当经国务院民用爆炸物品行业主管部门审批

细说考点

1. 关于 A 选项涉及的知识点,考核的关键点有两个:(1)政府民用爆炸物品行业主管部门;(2)申请书、可行性研究报告。

2. 关于 B 选项涉及的知识点,考核的关键点为:《民用爆炸物品销售许可证》。

3. 为了能让考生更好的学习本知识点,现将 C 选项涉及的知识点的另一种考核形式举例如下:

L 省甲县某施工企业由于施工原因,需要到 J 省乙县取得民用爆炸物品销售许可证的一企业购买 2,4,6—三硝基甲苯 100kg。根据《民用爆炸物品安全管理条例》,该施工企业提出购买申请的审批行政机关是(B)。

A. L 省甲县安全监管部门　　　　　　B. L 省甲县公安机关
C. J 省乙县安全监管部门　　　　　　D. J 省乙县公安机关

4. 关于 F、G、J、K 选项涉及的时间考核,应注意避免造成混淆。

5. 关于 H 选项涉及的知识点,值得注意的是:不得使用现金或者实物进行交易。

6. 关于 I 选项涉及的知识点,还可以"根据《民用爆炸物品安全管理条例》,销售民用爆炸物品的企业,应当将购买单位的许可证、银行账户转账凭证、经办人的身份证明复印件保存(　　)备查"的形式进行单项选择题的考核。

7. 关于 J 选项涉及的知识点,考核的关键点为:所在地省、自治区、直辖市人民政府民用爆炸物品行业主管部门和所在地县级人民政府公安机关。

8. 关于 L 选项涉及的知识点,还可以"根据《民用爆炸物品安全管理条例》,进出口民用爆炸物品,应当经(　　)审批"的形式进行单项选择题的考核。

考点 2　民用爆炸物品爆破作业的安全管理

(题干)根据《民用爆炸物品安全管理条例》,关于民用爆炸物品爆破作业安全管理的说法中,正确的有(ABCDEFGHIJ)。

A. 爆破作业单位应当对本单位的爆破作业人员、安全管理人员、仓库管理人员进行专业技术培训

B. 爆破作业人员应当经设区的市级人民政府公安机关考核合格,取得《爆破作业人员许可证》后,方可从事爆破作业

C. 在城市、风景名胜区和重要工程设施附近实施爆破作业的,应当向爆破作业所在地设区的市级人民政府公安机关提出申请

D. 爆破作业单位跨省、自治区、直辖市行政区域从事爆破作业的,应当事先将爆破作业项目的有关情况向爆破作业所在地县级人民政府公安机关报告

E. 爆破作业单位应当如实记载领取、发放民用爆炸物品的品种、数量、编号以及领取、发放人员姓名

F. 领取民用爆炸物品的数量不得超过当班用量,作业后剩余的民用爆炸物品必须当班

清退回库

G. 爆破作业单位应当将领取、发放民用爆炸物品的原始记录保存2年备查

H. 实施爆破作业，应当在安全距离以外设置警示标志并安排警戒人员，防止无关人员进入

I. 爆破作业结束后应当及时检查、排除未引爆的民用爆炸物品

J. 爆破作业单位不再使用民用爆炸物品时，应当将剩余的民用爆炸物品登记造册，报所在地县级人民政府公安机关组织监督销毁

> **细说考点**
>
> 1. 关于A选项涉及的知识点，还可以"根据《民用爆炸物品安全管理条例》，爆破作业单位应当对本单位的（　　）进行专业技术培训"的形式进行多项选择题的考核。该处的干扰选项可以设置为：现场监护人员、警戒保卫人员或消防人员。
>
> 2. 关于B选项涉及知识点的另一种考核形式，现举例如下：
>
> 根据《民用爆炸物品安全管理条例》的规定，爆破作业人员应当经考核合格，取得爆破作业人员许可证后，方可从事爆破作业。对其考核的单位是（B）。
>
> A. 设区的市人民政府安全监管部门　　B. 设区的市人民政府公安机关
>
> C. 县级人民政府安全监管部门　　　　D. 县级人民政府公安机关
>
> 3. 关于C选项涉及的知识点，关键点为：所在地设区的市级人民政府公安机关。
>
> 4. 关于D选项涉及的知识点，还可以"根据《民用爆炸物品安全管理条例》，爆破作业单位跨省、自治区、直辖市行政区域从事爆破作业的，应当事先将爆破作业项目的有关情况向（　　）报告"的形式进行单项选择题的考核。
>
> 5. 关于G选项涉及的知识点，"保存2年备查"是考核的关键点所在。
>
> 6. 关于J选项涉及的知识点，"所在地县级人民政府公安机关"是考核的关键点所在。

考点3　民用爆炸物品储存的安全管理

（题干）根据《民用爆炸物品安全管理条例》，储存民用爆炸物品应当遵守的规定包括（ABCDEFGH）。

A. 建立出入库检查、登记制度

B. 收存和发放民用爆炸物品必须进行登记，做到账目清楚，账物相符

C. 储存的民用爆炸物品数量不得超过储存设计容量

D. 对性质相抵触的民用爆炸物品必须分库储存，严禁在库房内存放其他物品

E. 专用仓库应当指定专人管理、看护

F. 严禁无关人员进入仓库区内，严禁在仓库区内吸烟和用火

G. 严禁把其他容易引起燃烧、爆炸的物品带入仓库区内，严禁在库房内住宿

H. 民用爆炸物品丢失、被盗、被抢，应当立即报告当地公安机关

> **细说考点**
>
> 1.关于D选项涉及的知识点,"分库储存"是考核的关键点所在。
>
> 2.关于H选项涉及的知识点,还可以"根据《民用爆炸物品安全管理条例》,民用爆炸物品丢失、被盗、被抢,应当立即报告当地(　　)"的形式进行单项选择题的考核。
>
> 3.关于本考点的学习,考生还应掌握民用爆炸物品销毁的相关内容:
>
> 民用爆炸物品销毁前应当登记造册,提出销毁实施方案,报省、自治区、直辖市人民政府民用爆炸物品行业主管部门、所在地县级人民政府公安机关组织监督销毁。
>
> 4.为了能让考生更好的学习该知识点,现将本考点的另一种考核形式举例如下:
>
> 某企业仓库内储存的工业火雷管已过期失效,准备予以销毁。该仓库负责人对拟销毁的工业火雷管进行登记造册,并提出了销毁实施方案。根据《民用爆炸物品安全管理条例》,负责组织监督本次工业火雷管销毁工作的部门除本民用爆炸物品行业主管部门外,还有(D)。
>
> A.省级安全监管部门
>
> B.省级公安机关
>
> C.县级安全监管部门
>
> D.县级公安机关

考点4　民用爆炸物品安全管理违法行为及应负的法律责任

(题干)《民用爆炸物品安全管理条例》规定,有(ABCDEFG)情形,由公安机关责令限期改正,处5万元以上20万元以下的罚款;逾期不改正的,责令停产停业整顿。

A.未按照规定对民用爆炸物品做出警示标识、登记标识或者未对雷管编码打号的

B.超出购买许可的品种、数量购买民用爆炸物品的

C.使用现金或者实物进行民用爆炸物品交易的

D.未按照规定保存购买单位的许可证、银行账户转账凭证、经办人的身份证明复印件的

E.销售、购买、进出口民用爆炸物品,未按照规定向公安机关备案的

F.未按照规定建立民用爆炸物品登记制度的

G.未按照规定将《民用爆炸物品运输许可证》交回发证机关核销的

H.未经许可生产、销售民用爆炸物品的

I.未经许可购买、运输民用爆炸物品或者从事爆破作业的

> **细说考点**
>
> 基于上述备选项,本考点还可能考核的题目有:
>
> (1)违反《民用爆炸物品安全管理条例》的规定,(H),由民用爆炸物品行业主

管部门责令停止非法生产、销售活动，处10万元以上50万元以下的罚款，并没收非法生产、销售的民用爆炸物品及其违法所得。

（2）违反《民用爆炸物品安全管理条例》的规定，（I），由公安机关责令停止非法购买、运输、爆破作业活动，处5万元以上20万元以下的罚款，并没收非法购买、运输以及从事爆破作业使用的民用爆炸物品及其违法所得。

专题二十二
《特种设备安全监察条例》

可考题目及题型

考点1 《特种设备安全监察条例》的适用范围

（题干）适用《特种设备安全监察条例》进行安全监察的特种设备有（ABCDEFGHI）。

A. 锅炉　　　　　　　　　　　B. 压力容器
C. 气瓶　　　　　　　　　　　D. 压力管道
E. 电梯　　　　　　　　　　　F. 起重机械
G. 客运索道　　　　　　　　　H. 大型游乐设施
I. 场（厂）内专用机动车辆　　　J. 军事装备
K. 核设施　　　　　　　　　　L. 航空航天器
M. 铁路机车　　　　　　　　　N. 海上设施和船舶
O. 矿山井下使用的特种设备　　　P. 民用机场专用设备

细说考点

1. 基于上述备选项，本考点还可能考核的题目有：
根据《特种设备安全监察条例》，（JKLMNOP）的安全监察不适用《特种设备安全监察条例》。

2. 本题的题干也可以表述为：《特种设备安全监察条例》所称的特种设备类型包括（　　）。

考点2 特种设备的生产安全

（题干）根据《特种设备安全监察条例》，（ABCDEF）的设计文件，应当经国务院特种设备安全监督管理部门核准的检验检测机构鉴定，方可用于制造。

A. 锅炉　　　　　　　　　　　B. 气瓶
C. 氧舱　　　　　　　　　　　D. 客运索道
E. 大型游乐设施　　　　　　　F. 高耗能特种设备

> **细说考点**
>
> 1.基于上述备选项,本考点还可能考核的题目有:
> 根据《特种设备安全监察条例》,安装、改造、维修的施工单位应当在验收后30日内将有关技术资料移交使用单位,还应当按照安全技术规范的要求提交能效测试报告的是(F)。
> 2.关于本考点的学习,考生还应掌握的内容主要有:
> (1)锅炉、压力容器、压力管道元件、起重机械、大型游乐设施的制造过程和锅炉、压力容器、电梯、起重机械、客运索道、大型游乐设施的安装、改造、重大维修过程,必须经国务院特种设备安全监督管理部门核准的检验检测机构按照安全技术规范的要求进行监督检验;未经监督检验合格的不得出厂或者交付使用。
> (2)特种设备安装、改造、维修的施工单位应当在施工前将拟进行的特种设备安装、改造、维修情况书面告知直辖市或者设区的市的特种设备安全监督管理部门,告知后即可施工。

考点3 特种设备的使用安全

(题干)根据《特种设备安全监察条例》,关于特种设备使用安全的说法中,正确的有(ABCDEFGH)。

A.特种设备在投入使用前或者投入使用后30日内,特种设备使用单位应当向直辖市或者设区的市特种设备安全监督管理部门登记

B.特种设备使用单位应当对在用特种设备进行经常性日常维护保养,并定期自行检查

C.特种设备使用单位对在用特种设备应当至少每月进行一次自行检查,并作出记录

D.特种设备使用单位应当按照安全技术规范的定期检验要求,在安全检验合格有效期届满前1个月向特种设备检验检测机构提出定期检验要求

E.未经定期检验或者检验不合格的特种设备,不得继续使用

F.电梯应当至少每15日进行一次清洁、润滑、调整和检查

G.客运索道、大型游乐设施的运营使用单位的主要负责人至少应当每月召开一次会议,督促、检查客运索道、大型游乐设施的安全使用工作

H.特种设备作业人员在作业过程中发现事故隐患或者其他不安全因素,应当立即向现场安全管理人员和单位有关负责人报告

> **细说考点**
>
> 1.关于A选项涉及的知识点,也可以进行小案例形式的考核,对本考点的考核形式举例如下:
> 某省F市下设的G区有一风景名胜区,最近景区经营管理单位建设了一条观光

客运索道。根据《特种设备安全监察条例》，该索道使用单位应当在索道投入使用前或者投入使用后规定的日期内，向（C）登记。

　　A. F市安全生产监督管理部门
　　B. G区安全生产监督管理部门
　　C. F市特种设备安全监督管理部门
　　D. G区特种设备安全监督管理部门

　　2. C选项中的"每月进行一次自行检查"是考核的关键点所在。

　　3. 关于D选项涉及的知识点，为了能让考生更好的学习该知识点，现将另一种考核形式举例如下：

　　某机械制造企业的机械加工车间有一台在用的桥式起重机，该起重机安全检验合格有效期至2017年6月1日，根据《特种设备安全监察条例》的规定，下列关于该起重机的维护和检验的说法，正确的是（C）。

　　A. 应当至少每季度进行一次自行检查，并作出记录
　　B. 应当至少每半年进行一次自行检查，并作出记录
　　C. 应当最迟在2017年5月1日前向特种设备检验检测机构提出定期检验要求
　　D. 应当最迟在2017年4月1日前向特种设备检验检测机构提出定期检验要求

　　4. F选项中的"15日进行一次"是考核的关键点所在。

　　5. 关于G选项涉及的知识点的记忆应注意避免与F选项中的15日造成混淆。

　　6. 关于H选项涉及的知识点，还可以"根据《特种设备安全监察条例》，特种设备作业人员在作业过程中发现事故隐患或者其他不安全因素，应当立即向（　　）报告"的形式进行考核。

　　7. 关于本考点的学习，考生还应掌握的内容主要有：

　　锅炉、压力容器、电梯、起重机械、客运索道、大型游乐设施、场（厂）内专用机动车辆的作业人员及其相关管理人员，应当按照国家有关规定经特种设备安全监督管理部门考核合格，取得国家统一格式的特种作业人员证书，方可从事相应的作业或者管理工作。

考点4　特种设备检验检测的安全管理

　　（题干）根据《特种设备安全监察条例》，特种设备检验检测安全管理的说法中，正确的有（ABCDEFG）。

　　A. 检验检测人员从事检验检测工作，必须在特种设备检验检测机构执业，但不得同时在两个以上检验检测机构中执业

　　B. 特种设备检验检测机构和检验检测人员对涉及的被检验检测单位的商业秘密，负有保密义务

　　C. 特种设备检验检测机构和检验检测人员不得从事特种设备的生产、销售，不得以其

名义推荐或者监制、监销特种设备

D. 特种设备检验检测机构和检验检测人员对检验检测结果、鉴定结论负责

E. 特种设备检验检测机构和检验检测人员应当客观、公正、及时地出具检验检测结果、鉴定结论

F. 检验检测结果、鉴定结论经检验检测人员签字后，由检验检测机构负责人签署

G. 特种设备检验检测机构进行特种设备检验检测，发现能耗严重超标的，应当及时告知特种设备使用单位，并立即向特种设备安全监督管理部门报告

> **细说考点**
>
> 1. 关于G选项涉及的知识点，还可以"根据《特种设备安全监察条例》，特种设备检验检测机构进行特种设备检验检测，发现能耗严重超标的，应当及时告知特种设备使用单位，并立即向（　　）报告"的形式进行单项选择题的考核。
>
> 2. 本考点涉及的知识点，也可以小案例的形式进行综合性的考核，考生应注意具体知识点的把握。

考点5　特种设备的事故预防和调查处理

(题干) 根据《特种设备安全监察条例》，有（ABCDE）情形，为特别重大事故。

A. 特种设备事故造成30人以上死亡的

B. 特种设备事故造成100人以上重伤（包括急性工业中毒，下同），或者1亿元以上直接经济损失的

C. 600兆瓦以上锅炉爆炸的

D. 压力容器、压力管道有毒介质泄漏，造成15万人以上转移的

E. 客运索道、大型游乐设施高空滞留100人以上并且时间在48小时以上的

F. 特种设备事故造成10人以上30人以下死亡，或者50人以上100人以下重伤，或者5000万元以上1亿元以下直接经济损失的

G. 600兆瓦以上锅炉因安全故障中断运行240小时以上的

H. 压力容器、压力管道有毒介质泄漏，造成5万人以上15万人以下转移的

I. 客运索道、大型游乐设施高空滞留100人以上并且时间在24小时以上48小时以下的

J. 特种设备事故造成3人以上10人以下死亡，或者10人以上50人以下重伤，或者1000万元以上5000万元以下直接经济损失的

K. 锅炉、压力容器、压力管道爆炸的

L. 压力容器、压力管道有毒介质泄漏，造成1万人以上5万人以下转移的

M. 起重机械整体倾覆的

N. 客运索道、大型游乐设施高空滞留人员12小时以上的

O. 特种设备事故造成3人以下死亡，或者10人以下重伤，或者1万元以上1000万元以下直接经济损失的

P. 压力容器、压力管道有毒介质泄漏，造成 500 人以上 1 万人以下转移的
Q. 电梯轿厢滞留人员 2 小时以上的
R. 起重机械主要受力结构件折断或者起升机构坠落的
S. 客运索道高空滞留人员 3.5 小时以上 12 小时以下的
T. 大型游乐设施高空滞留人员 1 小时以上 12 小时以下的

> **细说考点**
>
> 1. 基于上述备选项，本考点还可能考核的题目有：
> (1) 根据《特种设备安全监察条例》，有（FGHI）情形，为重大事故。
> (2) 根据《特种设备安全监察条例》，有（JKLMN）情形，为较大事故。
> (3) 根据《特种设备安全监察条例》，有（OPQRST）情形，为一般事故。
> 2. 上述不同等级的事故会互为干扰选项进行考核，考生应注意区分。

专题二十三
《大型群众性活动安全管理条例》

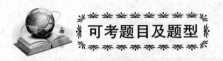
可考题目及题型

考点1　大型群众性活动的安全责任

（题干）根据《大型群众性活动安全管理条例》，大型群众性活动的承办者具体负责的安全事项包括（ABCDEFGHIJ）。

A. 落实大型群众性活动安全工作方案和安全责任制度
B. 明确安全措施、安全工作人员岗位职责，开展大型群众性活动安全宣传教育
C. 保障临时搭建的设施、建筑物的安全，消除安全隐患
D. 按照负责许可的公安机关的要求，配备必要的安全检查设备
E. 参加大型群众性活动的人员进行安全检查，对拒不接受安全检查的，承办者有权拒绝其进入
F. 按照核准的活动场所容纳人员数量、划定的区域发放或者出售门票
G. 落实医疗救护、灭火、应急疏散等应急救援措施并组织演练
H. 对妨碍大型群众性活动安全的行为及时予以制止
I. 发现违法犯罪行为及时向公安机关报告
J. 配备与大型群众性活动安全工作需要相适应的专业保安人员以及其他安全工作人员
K. 保障疏散通道、安全出口、消防车通道、应急广播、应急照明、疏散指示标志符合法律、法规、技术标准的规定
L. 保障监控设备和消防设施、器材配置齐全、完好有效
M. 提供必要的停车场地，并维护安全秩序

> **细说考点**
>
> 基于上述备选项，本考点还可能考核的题目有：
> 根据《大型群众性活动安全管理条例》，大型群众性活动的场所管理者具体负责的安全事项包括（KLM）。

考点2　大型群众性活动的安全管理

（题干）根据《大型群众性活动安全管理条例》，承办者应当在活动举办日的20日前提

出安全许可申请，申请时，应当提交的材料包括（ABCDEF）。

A. 承办者合法成立的证明
B. 安全责任人的身份证明
C. 大型群众性活动方案及其说明
D. 2个或者2个以上承办者共同承办大型群众性活动的，还应当提交联合承办的协议
E. 大型群众性活动安全工作方案
F. 活动场所管理者同意提供活动场所的证明

细说考点

1. 关于题干中，"20日前"的时限也是单项选择题考核形式中的要点。

2. 关于上述选项值得注意的是：提交联合承办协议的前提是共同承办大型群众性活动。

3. 关于本考点的学习，考生还应掌握的内容主要有：

（1）公安机关收到大型群众性活动申请材料应当依法做出受理或者不予受理的决定。对受理的申请，应当自受理之日起7日内进行审查，对活动场所进行查验，对符合安全条件的，做出许可的决定；对不符合安全条件的，做出不予许可的决定，并书面说明理由。

（2）对经安全许可的大型群众性活动，承办者不得擅自变更活动的时间、地点、内容或者扩大大型群众性活动的举办规模。

（3）承办者变更大型群众性活动时间的，应当在原定举办活动时间之前向做出许可决定的公安机关申请变更，经公安机关同意方可变更。

考点3　大型群众性活动的安全许可

（题干）根据《大型群众性活动安全管理条例》，大型群众性活动的预计参加人数在1000人以上5000人以下的，由（A）实施安全许可。

A. 活动所在地县级人民政府公安机关
B. 活动所在地设区的市级人民政府公安机关或者直辖市人民政府公安机关
C. 国务院公安部门

细说考点

1. 基于上述备选项，本考点还可能考核的题目有：

（1）根据《大型群众性活动安全管理条例》，预计参加人数在5000人以上的，由（B）实施安全许可。

（2）根据《大型群众性活动安全管理条例》，跨省、自治区、直辖市举办大型群众性活动的，由（C）实施安全许可。

2. 本考点所涉及的知识点，也可以另一个角度进行考核，例如：根据《大型群众性活动安全管理条例》，下列情形中，需要由活动所在地设区的市级人民政府公安机关或者直辖市人民政府公安机关实施安全许可的是（　　）。

考点 4　违反《大型群众性活动安全管理条例》的行为及应负的法律责任

（题干）根据《大型群众性活动安全管理条例》，（AB），由公安机关处 1 万元以上 5 万元以下罚款；有违法所得的，没收违法所得。

A. 承办者擅自变更大型群众性活动的时间、地点、内容的
B. 承办者擅自扩大大型群众性活动的举办规模的
C. 未经公安机关安全许可的大型群众性活动
D. 在大型群众性活动举办过程中发生公共安全事故，安全责任人不立即启动应急救援预案的
E. 在大型群众性活动举办过程中发生公共安全事故，安全责任人不立即向公安机关报告的

细说考点

基于上述备选项，本考点还可能考核的题目有：

（1）根据《大型群众性活动安全管理条例》，（C）由公安机关予以取缔，对承办者处 10 万元以上 30 万元以下罚款。

（2）根据《大型群众性活动安全管理条例》，（DE）由公安机关对安全责任人和其他直接责任人员处 5000 元以上 5 万元以下罚款。

专题二十四
《注册安全工程师分类管理办法》及相关制度文件

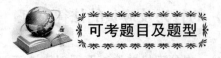

可考题目及题型

考点1 注册安全工程师分类管理

（题干）根据《注册安全工程师分类管理办法》，关于注册安全工程师分类管理的说法中，正确的有（ABCDEF）。

A. 应急管理部或其授权的机构负责中级注册安全工程师的注册终审工作

B. 注册安全工程师级别设置为：高级、中级、初级（助理）

C. 应急管理部或其授权的机构为注册安全工程师职业资格的注册管理机构

D. 注册安全工程师可在相应行业领域生产经营单位和安全评价检测等安全生产专业服务机构中执业

E. 注册安全工程师各级别与工程系列安全工程专业职称相对应，不再组织工程系列安全工程专业职称评审

F. 住房和城乡建设部、交通运输部或其授权的机构分别负责其职责范围内建筑施工安全、道路运输安全类别中级注册安全工程师的注册初审工作

细说考点

1. 关于A选项涉及的知识点，还可以"根据《注册安全工程师分类管理办法》，负责中级注册安全工程师的注册终审工作的是（　　）"的形式进行单项选择题的考核。

2. 关于本考点的学习，考生还应掌握的内容主要有：

注册安全工程师专业类别划分为：煤矿安全、金属非金属矿山安全、化工安全、金属冶炼安全、建筑施工安全、道路运输安全、其他安全（不包括消防安全）。

考点2 注册安全工程师的权利和义务

（题干）根据《注册安全工程师职业资格制度规定》，注册安全工程师的权利包括（ABCDEF）。

A. 按规定使用注册安全工程师称谓和本人注册证书

B. 从事规定范围内的执业活动

C. 对执业中发现的不符合相关法律、法规和技术规范要求的情形提出意见和建议，并向相关行业主管部门报告

D. 参加继续教育

E. 获得相应的劳动报酬

F. 对侵犯本人权利的行为进行申诉

G. 遵守国家有关安全生产的法律、法规和标准

H. 遵守职业道德，客观、公正执业，不弄虚作假，并承担在相应报告上签署意见的法律责任

I. 维护国家、集体、公众的利益和受聘单位的合法权益

J. 严格保守在执业中知悉的单位、个人技术和商业秘密

> **细说考点**
>
> 1. 基于上述备选项，本考点还可能考查的题目有：
>
> 根据《注册安全工程师职业资格制度规定》，注册安全工程师的义务包括(GHIJ)。
>
> 2. 关于本考点的学习，考生还应掌握的知识点有：
>
> 取得注册安全工程师注册证书的人员，应当按照国家专业技术人员继续教育的有关规定接受继续教育，更新专业知识，提高业务水平。

专题二十五
《生产经营单位安全培训规定》

可考题目及题型

考点1　主要负责人、安全生产管理人员的安全培训要求

（题干）根据《生产经营单位安全培训规定》，生产经营单位主要负责人和安全生产管理人员初次安全培训时间不得少于（A）学时。

A. 32　　　　　　　　　　　　B. 12
C. 48　　　　　　　　　　　　D. 16

> **细说考点**
>
> 1. 基于上述备选项，本考点还可能考核的题目有：
> （1）根据《生产经营单位安全培训规定》，生产经营单位主要负责人和安全生产管理人员的每年再培训时间不得少于（B）学时。
> （2）煤矿、非煤矿山、危险化学品、烟花爆竹、金属冶炼等生产经营单位主要负责人和安全生产管理人员初次安全培训时间不得少于（C）学时。
> （3）煤矿、非煤矿山、危险化学品、烟花爆竹、金属冶炼等生产经营单位主要负责人和安全生产管理人员的每年再培训时间不得少于（D）学时。
>
> 2. 关于本考点的考核也可以"关于××的说法中，正确/错误的是（　　）"的形式进行考核。现举例如下：
>
> 根据《生产经营单位安全培训规定》，下列关于非煤矿山企业主要负责人和生产管理人员的安全培训的说法，正确的是（C）。
>
> A. 主要负责人初次安全培训时间不得少于32学时
> B. 主要负责人每年再培训时间不得少于8学时
> C. 安全生产管理人员初次安全培训时间不得少于48学时
> D. 安全生产管理人员每年再培训时间不得少于12学时

考点2　主要负责人与安全生产管理人员安全培训的内容

（题干）根据《生产经营单位安全培训规定》，生产经营单位主要负责人安全培训应当包括的内容有（ABCDEF）。

A. 国家安全生产方针、政策和有关安全生产的法律、法规、规章及标准
B. 安全生产管理基本知识、安全生产技术、安全生产专业知识
C. 重大危险源管理、重大事故防范、应急管理和救援组织以及事故调查处理的有关规定
D. 职业危害及其预防措施
E. 国内外先进的安全生产管理经验
F. 典型事故和应急救援案例分析
G. 安全生产管理、安全生产技术、职业卫生等知识
H. 伤亡事故统计、报告及职业危害的调查处理方法
I. 应急管理、应急预案编制以及应急处置的内容和要求

> **细说考点**
>
> 1.基于上述备选项，本考点还可能考核的题目有：
> 根据《生产经营单位安全培训规定》，生产经营单位安全生产管理人员安全培训应当包括的内容有（**AEFGHI**）。
> 2.关于上述知识点的复习，考生应注意到生产经营单位主要负责人与安全生产管理人员安全培训内容中的共同点。

考点 3　其他从业人员的安全培训

(题干) 根据《生产经营单位安全培训规定》，厂（矿）级岗前安全培训内容应当包括（**ABCD**）。
A. 本单位安全生产情况及安全生产基本知识
B. 本单位安全生产规章制度和劳动纪律
C. 从业人员安全生产权利和义务
D. 有关事故案例
E. 工作环境及危险因素
F. 所从事工种可能遭受的职业伤害和伤亡事故
G. 所从事工种的安全职责、操作技能及强制性标准
H. 自救互救、急救方法、疏散和现场紧急情况的处理
I. 安全设备设施、个人防护用品的使用和维护
J. 本车间（工段、区、队）安全生产状况及规章制度
K. 预防事故和职业危害的措施及应注意的安全事项
L. 岗位安全操作规程
M. 岗位之间工作衔接配合的安全与职业卫生事项

> **细说考点**
>
> 1.基于上述备选项，本考点还可能考核的题目有：
> (1) 根据《生产经营单位安全培训规定》，车间（工段、区、队）级岗前安全培

训内容应当包括（DEFGHIJK）。

（2）根据《生产经营单位安全培训规定》，班组级岗前安全培训内容应当包括（DLM）。

2.考生还应掌握其他从业人员安全培训的具体内容。现将该部分要点归纳整理如下：

项目	内容
高危行业 新工人上岗	煤矿、非煤矿山、危险化学品、烟花爆竹、金属冶炼等生产经营单位必须对新上岗的临时工、合同工、劳务工、轮换工、协议工等进行强制性安全培训
其他行业 新工人上岗	加工、制造业等生产单位的其他从业人员，在上岗前必须经过厂（矿）、车间（工段、区、队）、班组三级安全培训教育
安全培训时间	生产经营单位新上岗的从业人员，岗前安全培训时间不得少于24学时。 煤矿、非煤矿山、危险化学品、烟花爆竹、金属冶炼等生产经营单位新上岗的从业人员安全培训时间不得少于72学时，每年再培训的时间不得少于20学时
重新上岗 培训要求	从业人员在本生产经营单位内调整工作岗位或离岗一年以上重新上岗时，应当重新接受车间（工段、区、队）和班组级的安全培训

考点4 安全培训的组织实施

(题干) 根据《生产经营单位安全培训规定》，关于安全培训的组织实施的说法中，正确的是（ABCDEFGH）。

A.生产经营单位从业人员的安全培训工作，由生产经营单位组织实施

B.生产经营单位应当坚持以考促学、以讲促学

C.生产经营单位应当确保全体从业人员熟练掌握岗位安全生产知识和技能

D.煤矿、非煤矿山、危险化学品、烟花爆竹、金属冶炼等生产经营单位还应当完善和落实师傅带徒弟制度

E.生产经营单位委托其他机构进行安全培训的，保证安全培训的责任仍由本单位负责

F.生产经营单位应当将安全培训工作纳入本单位年度工作计划

G.生产经营单位应当保证本单位安全培训工作所需资金

H.生产经营单位的主要负责人负责组织制定并实施本单位安全培训计划

细说考点

1.关于D选项涉及的知识点，还可以"根据《生产经营单位安全培训规定》，应当完善和落实师傅带徒弟制度的生产经营单位包括（　　）"的形式进行多项选择题

的考核。

2. 关于 E 选项涉及的知识点，仍由本单位负责是考核的关键点也是易错点。

3. 关于 H 选项涉及的知识点，还可以"根据《生产经营单位安全培训规定》，生产经营单位的（　　）负责组织制定并实施本单位安全培训计划"的形式进行单项选择题的考核。

考点5　安全培训的监督管理

（题干）根据《生产经营单位安全培训规定》，各级安全生产监管监察部门对生产经营单位安全培训及其持证上岗的情况进行监督检查，主要包括的内容有（ABCDEF）。

A. 安全培训制度、计划的制定及其实施的情况

B. 特种作业人员操作资格证持证上岗的情况

C. 建立安全生产教育和培训档案，并如实记录的情况

D. 对从业人员现场抽考本职工作的安全生产知识

E. 煤矿、非煤矿山生产经营单位主要负责人和安全生产管理人员安全培训以及安全生产知识和管理能力考核的情况

F. 危险化学品、烟花爆竹、金属冶炼等生产经营单位主要负责人和安全生产管理人员安全培训以及安全生产知识和管理能力考核的情况

细说考点

关于本考点的学习，考生还应掌握的内容主要有：

（1）煤矿、非煤矿山、危险化学品、烟花爆竹、金属冶炼等生产经营单位主要负责人和安全生产管理人员，自任职之日起6个月内，必须经安全生产监管监察部门对其安全生产知识和管理能力考核合格。

（2）县级以上地方人民政府负责煤矿安全生产监督管理的部门对煤矿井下作业人员的安全培训情况进行监督检查。

（3）煤矿安全监察机构对煤矿特种作业人员安全培训及其持证上岗的情况进行监督检查。

考点6　违反《生产经营单位安全培训规定》的行为及应负的法律责任

（题干）根据《生产经营单位安全培训规定》，生产经营单位有（ABCDE）行为，由安全生产监管监察部门责令其限期改正，可以处5万元以下的罚款。

A. 煤矿、非煤矿山、危险化学品、烟花爆竹、金属冶炼等生产经营单位的主要负责人未按照规定经考核合格的

B. 煤矿、非煤矿山、危险化学品、烟花爆竹、金属冶炼等生产经营单位的安全管理人

员未按照规定经考核合格的

C. 未按照规定对从业人员、被派遣劳动者、实习学生进行安全生产教育和培训或者未如实告知其有关安全生产事项的

D. 未如实记录安全生产教育和培训情况的

E. 特种作业人员未按照规定经专门的安全技术培训并取得特种作业人员操作资格证书，上岗作业的

F. 煤矿未按照《生产经营单位安全培训规定》对井下作业人员进行安全培训的

细说考点

基于上述备选项，本考点还可能考核的题目有：

根据《生产经营单位安全培训规定》，县级以上地方人民政府负责煤矿安全生产监督管理的部门发现（F），责令限期改正，处10万元以上50万元以下的罚款；逾期未改正的，责令停产停业整顿。

专题二十六
《安全生产事故隐患排查治理暂行规定》

考点1 生产经营单位事故隐患排查治理职责

（题干）根据《安全生产事故隐患排查治理暂行规定》，生产经营单位事故隐患排查治理的职责包括（ABCDEFGH）。

A. 建立事故隐患信息档案，并按照职责分工实施监控治理
B. 生产经营单位主要负责人对本单位事故隐患排查治理工作全面负责
C. 保证事故隐患排查治理所需的资金，建立资金使用专项制度
D. 定期组织安全生产管理人员、工程技术人员和其他相关人员排查本单位的事故隐患
E. 对排查出的事故隐患，应当按照事故隐患的等级进行登记
F. 将生产经营项目、场所、设备发包、出租的，应当与承包、承租单位签订安全生产管理协议，并在协议中明确各方对事故隐患排查、治理和防控的管理职责
G. 对承包、承租单位的事故隐患排查治理负有统一协调和监督管理的职责
H. 应当每季、每年对本单位事故隐患排查治理情况进行统计分析，并分别于下一季度15日前和下一年1月31日前向安全监管监察部门和有关部门报送书面统计分析表

> **细说考点**
>
> 1. 关于B选项涉及的知识点，还可以"根据《安全生产事故隐患排查治理暂行规定》，生产经营单位应当履行事故隐患排查治理职责，生产经营单位（　　）对本单位事故隐患排查治理工作全面负责"的形式进行单项选择题的考核。
> 2. 关于F选项涉及的知识点，"安全生产管理协议"是考核的关键点所在。
> 3. 关于H选项涉及的知识点，"下一季度15日前和下一年1月31日前"的时限要牢记。

考点2 重大事故隐患报告与事故隐患的治理

（题干）根据《安全生产事故隐患排查治理暂行规定》，对于重大事故隐患，由生产经营单位主要负责人组织制定并实施事故隐患治理方案。重大事故隐患治理方案应当包括的内容有（ABCDEF）。

A. 安全措施和应急预案　　　　　　B. 治理的时限和要求

C. 负责治理的机构和人员　　　　D. 治理的目标和任务
E. 采取的方法和措施　　　　　　F. 经费和物资的落实

> **细说考点**
>
> 1. 关于题干中，"生产经营单位主要负责人"组织制定也是单项选择题考核形式中的要点。
>
> 2. 本考点的另一种考核形式可以为"根据《安全生产事故隐患排查治理暂行规定》，关于××的说法中，正确/错误的是（　　）"的形式进行综合性的考核。为能让考生更好的学习该知识点，现将该形式举例如下：
>
> 根据《安全生产事故隐患排查治理暂行规定》，下列关于生产经营单位安全生产事故隐患治理的说法，正确的是（D）。
>
> A. 对于一般事故隐患，应由生产经营单位有关人员会同安全监管执法人员共同组织整改
>
> B. 对于一般事故隐患，应由生产经营单位主要负责人及有关人员立即组织整改
>
> C. 对于重大事故隐患，应由生产经营单位分管负责人或者有关人员组织制定并实施事故隐患治理方案
>
> D. 对于重大事故隐患，应由生产经营单位主要负责人组织制定并实施事故隐患治理方案
>
> 回答本题，考生还应了解的是：对于一般事故隐患，由生产经营单位（车间、分厂、区队等）负责人或者有关人员立即组织整改。
>
> 3. 关于本考点的学习，考生还应掌握重大事故隐患报告的内容。重大事故隐患报告内容应当包括：
>
> （1）隐患的现状及其产生原因；
> （2）隐患的危害程度和整改难易程度分析；
> （3）隐患的治理方案。

考点3　重大事故隐患治理的监督管理

（题干）根据《安全生产事故隐患排查治理暂行规定》，关于重大事故隐患治理的监督管理，说法正确的有（ABCDE）。

A. 对挂牌督办并采取全部或者局部停产停业治理的重大事故隐患，安全监管监察部门收到生产经营单位恢复生产的申请报告后，应当在10日内进行现场审查

B. 安全监管监察部门应当每季将本行政区域重大事故隐患的排查治理情况和统计分析表逐级报至省级安全监管监察部门备案

C. 安全监管监察部门应当建立事故隐患排查治理监督检查制度，定期组织对生产经营单位事故隐患排查治理情况开展监督检查

D. 已经取得安全生产许可证的生产经营单位，在其被挂牌督办的重大事故隐患治理结

束前，安全监管监察部门应当加强监督检查

E. 省级安全监管监察部门应当每半年将本行政区域重大事故隐患的排查治理情况和统计分析表报应急管理部备案

> **细说考点**
>
> 1. 关于 A 选项涉及的知识点，考核的要点有两个：（1）安全监管监察部门；（2）10 日内。
>
> 2. 关于 B 选项涉及的知识点，考核的要点有两个：（1）每季；（2）省级安全监管监察部门。
>
> 3. 关于 E 选项涉及的知识点，还可以"级安全监管监察部门应当每半年将本行政区域重大事故隐患的排查治理情况和统计分析表报（　　）备案"的形式进行单项选择题的考核。
>
> 4. 提示：2018 年 3 月 13 日，十三届全国人大一次会议审议国务院机构改革方案，组建应急管理部，不再保留国家安全生产监督管理总局。

考点 4　事故隐患排查治理中的紧急处置

（题干）根据《安全生产事故隐患排查治理暂行规定》，生产经营单位应加强事故隐患治理。下列关于实施隐患治理安全防范措施的情形中，正确的是（ABCDE）。

A. 事故隐患排除前无法保证安全的，应当从危险区域内撤出作业人员，并疏散可能危及的其他人员

B. 事故隐患排除过程中无法保证安全的，应当设置警戒标志

C. 事故隐患排除过程中无法保证安全的，应当暂时停产停业或者停止使用

D. 对暂时难以停产或者停止使用的相关生产储存装置、设施、设备，应当加强维护和保养

E. 在事故隐患治理过程中，应当采取相应的安全防范措施，防止事故发生

> **细说考点**
>
> 除以上内容，外还需要考生掌握的一个知识点是：
>
> 生产经营单位应当加强对自然灾害的预防，在接到有关自然灾害预报时，应当及时向下属单位发出预警通知；发生自然灾害可能危及生产经营单位和人员安全的情况时，应当采取撤离人员、停止作业、加强监测等安全措施，并及时向当地人民政府及其有关部门报告。

专题二十七
《生产安全事故应急预案管理办法》

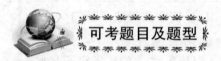
可考题目及题型

考点1 应急预案的编制

（题干）根据《生产安全事故应急预案管理办法》，生产经营单位风险种类多、可能发生多种类型事故的，应当组织编制综合应急预案。综合应急预案应当规定的内容包括（ABCDEFG）。

A. 应急组织机构及其职责 B. 应急预案体系
C. 事故风险描述 D. 预警及信息报告
E. 应急响应 F. 保障措施
G. 应急预案管理 H. 应急指挥机构与职责
I. 处置程序和措施 J. 应急工作职责
K. 应急处置措施和注意事项

> **细说考点**
>
> 1.基于上述备选项，本考点还可能考核的题目有：
>
> （1）对于某一种或者多种类型的事故风险，生产经营单位可以编制相应的专项应急预案，或将专项应急预案并入综合应急预案。专项应急预案应当规定的内容包括（HI）。
>
> （2）根据《生产安全事故应急预案管理办法》，对于危险性较大的场所、装置或者设施，生产经营单位应当编制现场处置方案。现场处置方案应当规定的内容包括（JK）。
>
> 2.关于本考点的学习，考生还应掌握的内容主要有：
>
> （1）事故风险单一、危险性小的生产经营单位，可以只编制现场处置方案。
>
> （2）生产经营单位应急预案应当包括向上级应急管理机构报告的内容、应急组织机构和人员的联系方式、应急物资储备清单等附件信息。附件信息发生变化时，应当及时更新，确保准确有效。
>
> （3）生产经营单位编制的各类应急预案之间应当相互衔接，并与相关人民政府及其部门、应急救援队伍和涉及的其他单位的应急预案相衔接。

考点 2　应急预案的评审与发布

（题干）根据《生产安全事故应急预案管理办法》，关于应急预案评审的说法中，正确的是（ABCDEFGH）。

A. 参加生产经营单位应急预案评审的人员应当包括应急预案涉及的政府部门工作人员和有关安全生产及应急管理方面的专家

B. 评审人员与所评审应急预案的生产经营单位有利害关系的，应当回避

C. 地方各级安全生产监督管理部门应当组织有关专家对本部门编制的部门应急预案进行审定，必要时，可以召开听证会，听取社会有关方面的意见

D. 矿山、金属冶炼企业，应当对本单位编制的应急预案进行评审，并形成书面评审纪要

E. 建筑施工企业和易燃易爆物品、危险化学品的生产、经营（带储存设施的）、储存企业应当对本单位编制的应急预案进行评审，并形成书面评审纪要

F. 使用危险化学品达到国家规定数量的化工企业应当对本单位编制的应急预案进行评审，并形成书面评审纪要

G. 烟花爆竹生产、批发经营企业和中型规模以上的其他生产经营单位，应当对本单位编制的应急预案进行评审，并形成书面评审纪要

H. 应急预案的评审或者论证应当注重基本要素的完整性、组织体系的合理性、应急处置程序和措施的针对性、应急保障措施的可行性、应急预案的衔接性等内容

> **细说考点**
>
> 1. 关于 A 选项涉及的知识点，还可以"根据《生产安全事故应急预案管理办法》，参加生产经营单位应急预案评审的人员应当包括（　　）"的形式进行多项选择题的考核。
>
> 2. 值得考生注意的是 D、E、F、G 选项规定以外的其他生产经营单位应当对本单位编制的应急预案进行论证。
>
> 3. 关于 H 选项涉及的知识点，还可以"根据《生产安全事故应急预案管理办法》，应急预案的评审或者论证应当注重的内容包括（　　）"的形式进行多项选择题的考核。
>
> 4. 关于本考点的学习，考生还应掌握应急预案的公布。生产经营单位的应急预案经评审或者论证后，<u>由本单位主要负责人签署公布</u>，并及时发放到本单位有关部门、岗位和相关应急救援队伍。

考点 3　应急预案的备案

（题干）根据《生产安全事故应急预案管理办法》，关于应急预案备案的说法中，正确的是（ABCDE）。

A. 地方各级安全生产监督管理部门的应急预案，应当报同级人民政府备案，并抄送上

一级安全生产监督管理部门

B.生产经营单位应当在应急预案公布之日起20个工作日内,按照分级属地原则,向安全生产监督管理部门和有关部门进行告知性备案

C.中央企业总部(上市公司)的应急预案,报国务院主管的负有安全生产监督管理职责的部门备案,并抄送应急管理部

D.受理备案登记的负有安全生产监督管理职责的部门应当在5个工作日内对应急预案材料进行核对,材料齐全的,应当予以备案

E.对于实行安全生产许可的生产经营单位,已经进行应急预案备案的,在申请安全生产许可证时,可以不提供相应的应急预案,仅提供应急预案备案登记表

细说考点

1.关于A选项涉及的知识点,考核的要点有两个:(1)报同级人民政府备案;(2)抄送上一级安全生产监督管理部门。

2.关于B、D选项涉及的知识点,考生要注意该处的时限,避免造成混淆。

3.关于E选项涉及的知识点,多以反向描述进行考核。例如:根据《生产安全事故应急预案管理办法》,在申请安全生产许可证时,可以不提供相应的应急预案,仅提供应急预案备案登记表的情形是( )。

考点4　应急预案的教育培训和演练

(题干)根据《生产安全事故应急预案管理办法》,生产经营单位应当制定本单位的应急预案演练计划,根据本单位的事故风险特点,(A)至少组织一次综合应急预案演练或者专项应急预案演练。

A.每年　　　　　　　　　　　B.每半年

C.每三年

细说考点

1.基于上述备选项,本考点还可能考核的题目有:

(1)某炼钢厂针对企业一危险较大的岗位制订了现场处置方案。根据《生产安全事故应急预案管理办法》的规定,对该处置方案,该厂应(B)组织一次演练。

(2)根据《生产安全事故应急预案管理办法》,矿山、金属冶炼、建筑施工企业,应当(C)进行一次应急预案评估。

(3)根据《生产安全事故应急预案管理办法》,易燃易爆物品、危险化学品等危险物品的生产、经营、储存企业、使用危险化学品达到国家规定数量的化工企业、烟花爆竹生产、批发经营企业和中型规模以上的其他生产经营单位,应当(C)进行一次应急预案评估。

2. 关于本考点的学习，考生还应掌握关于应急预案教育培训的相关内容。

(1) 各级安全生产监督管理部门应当将本部门应急预案的培训纳入安全生产培训工作计划，并组织实施本行政区域内重点生产经营单位的应急预案培训工作。

(2) 各级安全生产监督管理部门应当定期组织应急预案演练，提高本部门、本地区生产安全事故应急处置能力。

专题二十八
《生产安全事故信息报告和处置办法》

可考题目及题型

考点1 事故信息的报告

（题干）根据《生产安全事故信息报告和处置办法》，安全生产监督管理部门、煤矿安全监察机构接到事故发生单位的事故信息报告后，(AB)逐级上报至设区的市级安全生产监督管理部门、省级煤矿安全监察机构。

A. 一般事故　　　　　　　　　　B. 较大涉险事故
C. 较大事故　　　　　　　　　　D. 重大事故
E. 特别重大事故

细说考点

1. 基于上述备选项，本考点还可能考核的题目有：

(1) 根据《生产安全事故信息报告和处置办法》，安全生产监督管理部门、煤矿安全监察机构接到事故发生单位的事故信息报告后，(C)逐级上报至省级安全生产监督管理部门、省级煤矿安全监察机构。

(2) 根据《生产安全事故信息报告和处置办法》，安全生产监督管理部门、煤矿安全监察机构接到事故发生单位的事故信息报告后，(DE)逐级上报至应急管理部国家煤矿安全监察局。

(3) 根据《生产安全事故信息报告和处置办法》，(ABC)每日至少续报1次。

(4) 根据《生产安全事故信息报告和处置办法》，(DE)每日至少续报2次。

2. 关于本题中涉及的考核形式是，也可将某一事故需要上报至哪一具体部门作为要点进行考核。

3. 本考点规定的逐级上报，每一级上报时间不得超过2小时。安全生产监督管理部门依照规定上报事故情况时，应当同时报告本级人民政府。

4. 学习本考点，考生需要对较大涉险事故有所了解。《生产安全事故信息报告和处置办法》所称的较大涉险事故是指：

(1) 涉险10人以上的事故；

(2) 造成3人以上被困或者下落不明的事故；

(3) 紧急疏散人员500人以上的事故；

(4) 因生产安全事故对环境造成严重污染（人员密集场所、生活水源、农田、河流、水库、湖泊等）的事故；

(5) 危及重要场所和设施安全（电站、重要水利设施、危化品库、油气站和车站、码头、港口、机场及其他人员密集场所等）的事故。

5.关于本考点的学习，考生还应掌握的内容主要有：

(1) 生产经营单位发生生产安全事故或者较大涉险事故，其单位负责人接到事故信息报告后应当于1小时内报告事故发生地县级安全生产监督管理部门、煤矿安全监察分局。

(2) 下一级安全生产监督管理部门、煤矿安全监察机构接到上级安全生产监督管理部门、煤矿安全监察机构的事故信息举报核查通知后，应当立即组织查证核实，并在2个月内向上一级安全生产监督管理部门、煤矿安全监察机构报告核实结果。

考点2　事故信息的处置

（题干）根据《生产安全事故信息报告和处置办法》，发生（A）的，县级安全生产监督管理部门、煤矿安全监察分局负责人立即赶赴事故现场。

A.一般事故　　　　　　　　　　　B.较大事故
C.重大事故　　　　　　　　　　　D.特别重大事故

细说考点

1.基于上述备选项，本考点还可能考核的题目有：

(1) 根据《生产安全事故信息报告和处置办法》，发生（B）的，设区的市级安全生产监督管理部门、省级煤矿安全监察局负责人应当立即赶赴事故现场。

(2) 根据《生产安全事故信息报告和处置办法》，发生（C）的，省级安全监督管理部门、省级煤矿安全监察局负责人立即赶赴事故现场。

(3) 根据《生产安全事故信息报告和处置办法》，发生（D）的，应急管理部国家煤矿安全监察局负责人立即赶赴事故现场。

2.为了能让考生更好的学习该知识点，现将另一种考核形式举例如下：

A省B市C县的某煤矿发生生产安全事故，造成2人死亡，9人重伤。根据《生产安全事故信息报告和处置办法》的规定，下列关于该事故应急处置的说法，正确的是（C）。

A.A省安全监管部门负责人应当立即赶赴现场
B.B市安全监管部门负责人应当立即赶赴现场
C.C县安全监管部门负责人应当立即赶赴现场
D.A省煤矿安全监察局负责人应当立即赶赴现场

专题二十九
《特种作业人员安全技术培训考核管理规定》

可考题目及题型

考点1 特种作业人员的安全技术培训

（题干）根据《特种作业人员安全技术培训考核管理规定》，特种作业人员的安全技术培训的说法中，正确的是（ABCDEF）。

A. 已经取得职业高中学历的毕业生从事与其所学专业相应的特种作业，持学历证明经考核发证机关同意，可以免予相关专业的培训

B. 已经取得技工学校学历的毕业生从事与其所学专业相应的特种作业，持学历证明经考核发证机关同意，可以免予相关专业的培训

C. 已经取得中专以上学历的毕业生从事与其所学专业相应的特种作业，持学历证明经考核发证机关同意，可以免予相关专业的培训

D. 生产经营单位委托其他机构进行特种作业人员安全技术培训的，保证安全技术培训的责任仍由本单位负责

E. 跨省、自治区、直辖市从业的特种作业人员，可以在户籍所在地或者从业所在地参加培训

F. 对特种作业人员的安全技术培训，具备安全培训条件的生产经营单位应当以自主培训为主

细说考点

1. 关于A、B、C选项涉及的知识点，也可以反向描述进行考核。例如："根据《特种作业人员安全技术培训考核管理规定》，特种作业人员可以免予相关专业培训的情形有（　　）。"

2. 关于D选项涉及的知识点，还可以"根据《特种作业人员安全技术培训考核管理规定》，生产经营单位委托其他机构进行特种作业人员安全技术培训的，保证安全技术培训的责任仍由（　　）负责"的形式进行单项选择题的考核。

3. 关于E选项涉及的知识点，考核的关键点为：户籍所在地或者从业所在地。

4. 关于F选项涉的学习，考生需要注意的是：以自主培训为主。

考点 2　特种作业人员的考核发证

（题干） 根据《特种作业人员安全技术培训考核管理规定》，考核发证机关或其委托的单位收到考试申请后，应当在（A）日内组织考试。

A. 60　　　　　　　　　　　　　　B. 10
C. 5　　　　　　　　　　　　　　 D. 20

细说考点

1. 基于上述备选项，本考点还可能考核的题目有：

（1）根据《特种作业人员安全技术培训考核管理规定》，考核发证机关或其委托承担特种作业操作资格考试的单位，应当在考试结束后（B）个工作日内公布考试成绩。

（2）根据《特种作业人员安全技术培训考核管理规定》，收到办理特种作业操作证申请的考核发证机关应当在（C）个工作日内完成对特种作业人员所提交申请材料的审查，作出受理或者不予受理的决定。

（3）根据《特种作业人员安全技术培训考核管理规定》，对已经受理的办理特种作业操作证申请，考核发证机关应当在（D）个工作日内完成审核工作。

2. 关于本考点的学习，考生还应掌握的内容主要有：

（1）特种作业操作资格考试包括安全技术理论考试和实际操作考试两部分。考试不及格的，允许补考 1 次。经补考仍不及格的，重新参加相应的安全技术培训。

（2）特种作业操作证有效期为 6 年，在全国范围内有效。

（3）特种作业操作证遗失的，应当向原考核发证机关提出书面申请，经原考核发证机关审查同意后，予以补发。

（4）特种作业操作证所记载的信息发生变化或者损毁的，应当向原考核发证机关提出书面申请，经原考核发证机关审查确认后，予以更换或者更新。

3. 本考点，还可以小案例的形式进行综合性的考核，现举例如下题：

王某高中毕业后到四川宜宾市一家化工厂工作。2017 年 3 月，王某参加市安全生产监督管理部门委托的安全培训机构的压力焊作业培训，考试合格。2017 年 10 月，王某应聘到广东省深圳市一家造船厂，并向深圳市安全生产监督管理部门申请办理了特种作业操作证。2018 年 2 月，王某的特种作业操作证遗失，根据《特种作业人员安全技术培训考核管理规定》，王某应向（C）申请补发特种作业操作证。

A. 宜宾市安全生产监督管理部门
B. 四川省安全生产监督管理部门
C. 深圳市安全生产监督管理部门
D. 广东省安全生产监督管理部门

考点3 特种作业操作证的复审

(题干) 根据《特种作业人员安全技术培训考核管理规定》，关于特种作业操作证复审的说法中，正确的是（ABCDEFGHIJK）。

A. 特种作业操作证每3年复审1次

B. 特种作业人员在特种作业操作证有效期内，连续从事本工种10年以上，严格遵守有关安全生产法律法规的，经原考核发证机关同意，复审时间可以延长至每6年1次

C. 特种作业操作证申请复审或者延期复审前，安全培训时间不少于8个学时

D. 特种作业操作证需要复审的，应当在期满前60日内，由申请人或者申请人的用人单位向原考核发证机关或者从业所在地考核发证机关提出申请

E. 申请复审的，考核发证机关应当在收到申请之日起20个工作日内完成复审工作

F. 申请人对复审或者延期复审有异议的，可以依法申请行政复议或者提起行政诉讼

G. 特种作业人员健康体检不合格的，复审或者延期复审不予通过

H. 特种作业人员违章操作造成严重后果或者有2次以上违章行为，并经查证确实的，复审或者延期复审不予通过

I. 特种作业人员有安全生产违法行为，并给予行政处罚的，复审或者延期复审不予通过

J. 特种作业人员拒绝、阻碍安全生产监管监察部门监督检查的，复审或者延期复审不予通过

K. 特种作业人员未按规定参加安全培训，或者考试不合格的，复审或者延期复审不予通过

细说考点

1. 上述备选项中涉及数字的部分，考生一定要进行区别记忆，避免造成混淆。

2. 关于B选项涉及的知识点，考核的要点有三个：(1) 连续从事本工种10年以上；(2) 原考核发证机关同意；(3) 每6年1次。

3. 关于H选项涉及知识点的考核，要同时具备的条件是：经查证确实的。

4. 关于I选项涉及知识点的考核，要点在于：并给予行政处罚的。

专题三十
重大生产安全事故隐患判定标准

可考题目及题型

考点1　煤矿重大生产安全事故隐患判定标准

（题干）根据《煤矿重大生产安全事故隐患判定标准》，"超能力、超强度或者超定员组织生产"重大事故隐患，是指（ABCDEF）情形。

A. 矿井全年原煤产量超过矿井核定（设计）生产能力110%的
B. 矿井月产量超过矿井核定（设计）生产能力10%的
C. 矿井开拓、准备、回采煤量可采期小于有关标准规定的最短时间组织生产、造成接续紧张的
D. 矿井采用"剃头下山"开采的
E. 采掘工作面瓦斯抽采不达标组织生产的
F. 煤矿未制定或者未严格执行井下劳动定员制度的
G. 超出采矿许可证规定开采煤层层位或者标高而进行开采的
H. 擅自开采保安煤柱的
I. 超出采矿许可证载明的坐标控制范围而开采的
J. 使用被列入国家应予淘汰的煤矿机电设备和工艺目录的产品或者工艺的
K. 井下电气设备未取得煤矿矿用产品安全标志，或者防爆等级与矿井瓦斯等级不符的
L. 未按矿井瓦斯等级选用相应的煤矿许用炸药和雷管、未使用专用发爆器的，或者裸露放炮的
M. 采煤工作面不能保证2个畅通的安全出口的
N. 高瓦斯矿井、煤与瓦斯突出矿井、开采容易自燃和自燃煤层（薄煤层除外）矿井，采煤工作面采用前进式采煤方法的
O. 开采容易自燃和自燃的煤层时，未编制防止自然发火设计或者未按设计组织生产建设的
P. 高瓦斯矿井采用放顶煤采煤法不能有效防治煤层自然发火的
Q. 有自然发火征兆没有采取相应的安全防范措施并继续生产建设的
R. 瓦斯检查存在漏检、假检的
S. 井下瓦斯超限后不采取措施继续作业的

细说考点

基于上述备选项，本考点还可能考核的题目有：

(1) 根据《煤矿重大生产安全事故隐患判定标准》，"超层越界开采"重大事故隐患，是指有（GHI）情形。

(2) 根据《煤矿重大生产安全事故隐患判定标准》，"使用明令禁止使用或者淘汰的设备、工艺"重大事故隐患，是指有（JKLMN）情形。

(3) 根据《煤矿重大生产安全事故隐患判定标准》，"自然发火严重，未采取有效措施"重大事故隐患，是指有（OPQ）情形。

(4) 根据《煤矿重大生产安全事故隐患判定标准》，"瓦斯超限作业"重大事故隐患，是指有（RS）情形。

考点2　金属非金属矿山重大生产安全事故隐患判定标准

（题干） 根据《金属非金属矿山重大生产安全事故隐患判定标准（试行）》，金属非金属露天矿山重大生产安全事故隐患包括（ABCDEFGHIJKL）。

A. 地下转露天开采，未探明采空区或未对采空区实施专项安全技术措施
B. 使用国家明令禁止使用的设备、材料和工艺
C. 未采用自上而下、分台阶或分层的方式进行开采
D. 工作帮坡角大于设计工作帮坡角，或台阶（分层）高度超过设计高度
E. 擅自开采或破坏设计规定保留的矿柱、岩柱和挂帮矿体
F. 未按国家标准或行业标准对采场边坡、排土场稳定性进行评估
G. 高度200米及以上的边坡或排土场未进行在线监测
H. 边坡存在滑移现象
I. 上山道路坡度大于设计坡度10%以上
J. 封闭圈深度30米及以上的凹陷露天矿山，未按照设计要求建设防洪、排洪设施
K. 雷雨天气实施爆破作业
L. 危险级排土场
M. 相邻矿山的井巷相互贯通
N. 没有及时填绘图，现状图与实际严重不符
O. 地表水系穿过矿区，未按照设计要求采取防治水措施
P. 井口标高在当地历史最高洪水位1米以下，未采取相应防护措施
Q. 相邻矿山开采错动线重叠，未按照设计要求采取相应措施
R. 地面向井下供电的变压器或井下使用的普通变压器采用中性接地
S. 具有严重地压条件，未采取预防地压灾害措施

细说考点

基于上述备选项，本考点还可能考核的题目有：
根据《金属非金属矿山重大生产安全事故隐患判定标准（试行）》，金属非金属

地下矿山重大生产安全事故隐患包括（BMNOPQRS）。

考点3　化工和危险化学品生产经营单位重大生产安全事故隐患判定标准

（题干）根据《化工和危险化学品生产经营单位重大生产安全事故隐患判定标准（试行）》，应当判定为重大事故隐患的情形包括（ABCDEFGHIJ）。

A. 危险化学品生产、经营单位主要负责人和安全生产管理人员未依法经考核合格
B. 特种作业人员未持证上岗
C. 构成一级、二级重大危险源的危险化学品罐区未实现紧急切断功能
D. 全压力式液化烃储罐未按国家标准设置注水措施
E. 液化烃、液氨、液氯等易燃易爆、有毒有害液化气体的充装未使用万向管道充装系统
F. 使用淘汰落后安全技术工艺、设备目录列出的工艺、设备
G. 化工生产装置未按国家标准要求设置双重电源供电，自动化控制系统未设置不间断电源
H. 安全阀、爆破片等安全附件未正常投用
I. 未按照国家标准制定动火、进入受限空间等特殊作业管理制度，或者制度未有效执行
J. 未按国家标准分区分类储存危险化学品，超量、超品种储存危险化学品，相互禁配物质混放混存

细说考点

1. 关于 A 选项涉及的知识点，考核的要点为：主要负责人和安全生产管理人员。
2. 关于 C 选项涉及的知识点，考核的要点为：一级、二级重大危险源。

考点4　烟花爆竹生产经营单位重大生产安全事故隐患判定标准

（题干）根据《烟花爆竹生产经营单位重大生产安全事故隐患判定标准（试行）》，应当判定为重大事故隐患的情形包括（ABCDEFGHIJKL）。

A. 主要负责人、安全生产管理人员未依法经考核合格
B. 特种作业人员未持证上岗，作业人员带药检维修设备设施
C. 防静电、防火、防雷设备设施缺失或者失效
D. 擅自改变工（库）房用途或者违规私搭乱建
E. 将氧化剂、还原剂同库储存、违规预混或者在同一工房内粉碎、称量
F. 在用涉药机械设备未经安全性论证或者擅自更改、改变用途
G. 未建立与岗位相匹配的全员安全生产责任制或者未制定实施生产安全事故隐患排查治理制度

H. 出租、出借、转让、买卖、冒用或者伪造许可证

I. 分包转包生产线、工房、库房组织生产经营

J. 一证多厂或者多股东各自独立组织生产经营

K. 许可证过期、整顿改造、恶劣天气等停产停业期间组织生产经营

L. 零售点与居民居住场所设置在同一建筑物内或者在零售场所使用明火

> **细说考点**
>
> 本考点的考核相对简单，需要注意的是将该判定标准与其他判定标准区别开来，避免造成混淆。

考点 5　工贸行业的专项类重大事故隐患判定标准

（题干） 根据《工贸行业重大生产安全事故隐患判定标准》，工贸行业的专项类重大事故隐患判定标准中，存在粉尘爆炸危险的行业领域包括（ABCDEFGHI）。

A. 粉尘爆炸危险场所设置在非框架结构的多层建构筑物内，或与居民区、员工宿舍、会议室等人员密集场所安全距离不足

B. 可燃性粉尘与可燃气体等易加剧爆炸危险的介质共用一套除尘系统，不同防火分区的除尘系统互联互通

C. 干式除尘系统未规范采用泄爆、隔爆、惰化、抑爆等任一种控爆措施

D. 除尘系统采用正压吹送粉尘，且未采取可靠的防范点燃源的措施

E. 除尘系统采用粉尘沉降室除尘，或者采用干式巷道式构筑物作为除尘风道

F. 铝镁等金属粉尘及木质粉尘的干式除尘系统未规范设置锁气卸灰装置

G. 粉尘爆炸危险场所的 20 区未使用防爆电气设备设施

H. 在粉碎、研磨、造粒等易于产生机械点火源的工艺设备前，未按规范设置去除铁、石等异物的装置

I. 木制品加工企业，与砂光机连接的风管未规范设置火花探测报警装置

> **细说考点**
>
> 1. 基于上述备选项，本考点还可能考核的题目有：
>
> 关于 D 选项涉及知识点的学习，"且未采取可靠的防范点燃源的措施"是考核的关键点所在。
>
> 2. 关于《工贸行业重大生产安全事故隐患判定标准》的学习，考生还应掌握如下主要内容。
>
> （1）使用液氨制冷的行业领域：
>
> ① 包装间、分割间、产品整理间等人员较多生产场所的空调系统采用氨直接蒸发制冷系统；
>
> ② 快速冻结装置未设置在单独的作业间内，且作业间内作业人员数量超过 9 人。

(2) 有限空间作业相关的行业领域：
① 未对有限空间作业场所进行辨识，并设置明显安全警示标志；
② 未落实作业审批制度，擅自进入有限空间作业。

考点6　工贸行业的行业类重大事故隐患判定标准

（题干） 根据《工贸行业重大生产安全事故隐患判定标准》，有（ABCDEF）情形，判定为机械行业的重大事故隐患。

A. 会议室、活动室、休息室、更衣室等场所设置在熔炼炉、熔融金属吊运和浇注影响范围内的

B. 吊运熔融金属的起重机不符合冶金铸造起重机技术条件，或驱动装置中未设置两套制动器的

C. 铸造熔炼炉炉底、炉坑及浇注坑等作业坑存在潮湿、积水状况，或存放易燃易爆物品的

D. 铸造熔炼炉冷却水系统未配置温度、进出水流量检测报警装置，没有设置防止冷却水进入炉内的安全设施的

E. 天然气（煤气）加热炉燃烧器操作部位未设置可燃气体泄漏报警装置，或燃烧系统未设置防突然熄火或点火失败的安全装置的

F. 涂装调漆间和喷漆室未规范设置可燃气体报警装置和防爆电气设备设施的

G. 水泥工厂煤磨袋式收尘器（或煤粉仓）未设置温度和一氧化碳监测，或未设置气体灭火装置的

H. 燃气窑炉未设置燃气低压警报器和快速切断阀，或易燃易爆气体聚集区域未设置监测报警装置的

I. 纤维制品三相电弧炉、电熔制品电炉，水冷构件泄漏的

J. 进入筒型储库、磨机、破碎机、篦冷机、各种焙烧窑等有限空间作业时，未采取有效的防止电气设备意外启动、热气涌入等隔离防护措施的

K. 会议室、活动室、休息室、更衣室等场所设置在铁水、钢水与液渣吊运影响的范围内的

L. 盛装铁水、钢水与液渣的罐（包、盆）等容器耳轴未按国家标准规定要求定期进行探伤检测的

M. 冶炼、熔炼、精炼生产区域的安全坑内及熔体泄漏、喷溅影响范围内存在积水，放置有易燃易爆物品的

N. 炉、窑、槽、罐类设备本体及附属设施未定期检查，出现严重焊缝开裂、腐蚀、破损、衬砖损坏、壳体发红及明显弯曲变形等未报修或报废，仍继续使用的

O. 高炉、转炉、加热炉、煤气柜、除尘器等设施的煤气管道未设置可靠隔离装置和吹扫设施的

P. 煤气分配主管上支管引接处，未设置可靠的切断装置；车间内各类燃气管线，在车间入口未设置总管切断阀的

Q. 冶炼炉窑的水冷元件未配置温度、进出水流量差检测及报警装置的

R. 高温工作的熔融有色金属冶炼炉窑、铸造机、加热炉及水冷元件未设置应急冷却水源等冷却应急处置措施的

S. 铜水等高温熔融有色金属冶炼、精炼、铸造生产区域的安全坑内及熔体泄漏、喷溅影响范围内存在非生产性积水的

T. 铜水等熔融有色金属铸造、浇铸流程未设置紧急排放和应急储存设施的

细说考点

基于上述备选项，本考点还可能考核的题目有：

（1）根据《工贸行业重大生产安全事故隐患判定标准》，有（GHIJ）情形，判定为建材行业的重大事故隐患。

（2）根据《工贸行业重大生产安全事故隐患判定标准》，有（KLMNOP）情形，判定为冶金行业的重大事故隐患。

（3）根据《工贸行业重大生产安全事故隐患判定标准》，有（NQRST）情形，判定为有色行业的重大事故隐患。

专题三十一
《淘汰落后安全技术工艺、设备目录》

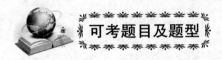
可考题目及题型

考点 淘汰落后安全技术工艺、设备目录

(题干) 根据《淘汰落后安全技术工艺、设备目录》,属于煤矿安全方面的工艺(设备)的是(ABCDEFGH)。

A. 皮带机皮带钉扣人力夯砸工艺
B. 钢丝绳牵引耙装机
C. 煤矿井下用煤电钻
D. 井下活塞式移动空压机
E. 井下照明白炽灯
F. 串电阻调速提升机电控装置
G. 老虎口式主井箕斗装载设备
H. 普通轨斜井人车
I. 间歇焦炭法二硫化碳工艺
J. 金属打磨工艺的砖槽式通风道
K. 鞋和箱包制造领域有害物质超标的胶粘工艺

> **细说考点**
>
> 基于上述备选项,本考点还可能考核的题目有:
> (1) 根据《淘汰落后安全技术工艺、设备目录》,属于危险化学品方面的工艺(设备)是(I)。
> (2) 根据《淘汰落后安全技术工艺、设备目录》,属于工贸企业方面的工艺(设备)是(J)。
> (3) 根据《淘汰落后安全技术工艺、设备目录》,属于职业健康方面的工艺(设备)是(K)。

专题三十二
《建设工程消防监督管理规定》

可考题目及题型

考点1 人员密集场所的消防设计审核和消防验收

（题干）根据《建设工程消防监督管理规定》，对（ABCDEFGHIJKLMNOPQRS），建设单位应当向公安机关消防机构申请消防设计审核，并在建设工程竣工后向出具消防设计审核意见的公安机关消防机构申请消防验收。

　　A. 建筑总面积大于二万平方米的体育场馆、会堂
　　B. 建筑总面积大于二万平方米的公共展览馆
　　C. 建筑总面积大于二万平方米的博物馆的展示厅
　　D. 建筑总面积大于一万五千平方米的民用机场航站楼
　　E. 建筑总面积大于一万五千平方米的客运车站候车室
　　F. 建筑总面积大于一万五千平方米的客运码头候船厅
　　G. 建筑总面积大于一万平方米的宾馆、饭店
　　H. 建筑总面积大于一万平方米的商场、市场
　　I. 建筑总面积大于二千五百平方米的影剧院
　　J. 建筑总面积大于二千五百平方米的公共图书馆的阅览室
　　K. 建筑总面积大于二千五百平方米的营业性室内健身、休闲场馆，医院的门诊楼
　　L. 建筑总面积大于二千五百平方米的大学的教学楼、图书馆、食堂
　　M. 建筑总面积大于二千五百平方米的劳动密集型企业的生产加工车间，寺庙、教堂
　　N. 建筑总面积大于一千平方米的托儿所、幼儿园的儿童用房
　　O. 建筑总面积大于一千平方米的儿童游乐厅等室内儿童活动场所
　　P. 建筑总面积大于一千平方米的养老院、福利院，医院、疗养院的病房楼
　　Q. 建筑总面积大于一千平方米的中小学校的教学楼、图书馆、食堂
　　R. 建筑总面积大于一千平方米的学校的集体宿舍，劳动密集型企业的员工集体宿舍
　　S. 建筑总面积大于五百平方米的歌舞厅、录像厅、放映厅、卡拉OK厅、夜总会、游艺厅、桑拿浴室、网吧、酒吧，具有娱乐功能的餐馆、茶馆、咖啡厅

细说考点

　　1. 关于上述知识点，需要注意的不只是具体的场所，还要考虑具体的面积。

2.题干中,设计审核的申请主体(建设单位),设计审核和消防验收的主体(公安机关消防机构),均为考核的要点。

3.关于验收时限的要求,需要考生掌握的是:公安机关消防机构应当自受理消防验收申请之日起<u>二十日内</u>组织消防验收,并出具消防验收意见。

4.关于本考点的学习,考生还应了解建设单位申请消防设计审核应当提供的材料有哪些。建设单位申请消防设计审核应当提供下列材料:

(1) 建设工程消防设计审核申报表;
(2) 建设单位的工商营业执照等合法身份证明文件;
(3) 设计单位资质证明文件;
(4) 消防设计文件;
(5) 法律、行政法规规定的其他材料。

依法需要办理建设工程规划许可的,应当提供建设工程规划许可证明文件;依法需要城乡规划主管部门批准的临时性建筑,属于人员密集场所的,应当提供<u>城乡规划主管部门</u>批准的证明文件。

考点2 特殊建设工程的消防设计审核和消防验收

(题干)根据《建设工程消防监督管理规定》,对(ABCDEFGH),建设单位应当向公安机关消防机构申请消防设计审核,并在建设工程竣工后向出具消防设计审核意见的公安机关消防机构申请消防验收。

A. 设有《建设工程消防监督管理规定》第十三条所列的人员密集场所的建设工程

B. 国家机关办公楼、电力调度楼、电信楼、邮政楼、防灾指挥调度楼、广播电视楼、档案楼

C. A、B选项以外的单体建筑面积大于四万平方米或者建筑高度超过五十米的公共建筑

D. 国家标准规定的一类高层住宅建筑

E. 城市轨道交通、隧道工程

F. 大型发电、变配电工程

G. 生产、储存、装卸易燃易爆危险物品的工厂、仓库和专用车站、码头

H. 易燃易爆气体和液体的充装站、供应站、调压站

细说考点

1. C选项涉及的数字型考核,是需要考生特别注意的要点。
2. D选项涉及的知识点中,需要特别注意的是"一类"。
3. F选项涉及的知识点中,需要特别注意的"大型"是前提。
4. 如果对人员密集场所的消防设计审核和消防验收进行考核的话,可能会在以上备选项中选择四个或五个组合在一起并将其中某些选项改错变为干扰项。为能让考生更好的学习该知识点,现将该考核形式举例如下:

根据《建设工程消防监督管理规定》下列建设工程应当向公安机关消防机构申请消防审核的是（C）。

A. 建筑总面积为一千五百平方米的公共图书馆的阅览室
B. 国家标准规定的二类高层住宅建筑
C. 城市轨道交通、隧道工程
D. 建筑总面积为一万平方米的体育场馆

5. 关于本考点的学习，考生还应了解建设单位申请消防验收应当提供的材料有哪些。建设单位申请消防验收应当提供下列材料：

（1）建设工程消防验收申报表；
（2）工程竣工验收报告和有关消防设施的工程竣工图纸；
（3）消防产品质量合格证明文件；
（4）具有防火性能要求的建筑构件、建筑材料、装修材料符合国家标准或者行业标准的证明文件、出厂合格证；
（5）消防设施检测合格证明文件；
（6）施工、工程监理、检测单位的合法身份证明和资质等级证明文件；
（7）建设单位的工商营业执照等合法身份证明文件；
（8）法律、行政法规规定的其他材料。